*Tack alla Feng Shuientusiaster, för att ni balanserar världen!*

*Tack Ann-Britt Bordinghaus för genomläsningar, inspirerande samtal och klokskap.*

*Tack Alice Högbom för att du läst, sett och tänkt!*

*Tack också till Karina Lilla Räven för täckmanteln.*

# Feng Shui
# magi i hemmet

Eva-Lisa Högbom

Illustrationer: Eva-Lisa Högbom

Bokomslag: Eva-Lisa Högbom

Förlag: BoD · Books on Demand, Östermalmstorg 1, 114 42 Stockholm, Sverige, bod@bod.se
Tryck: Libri Plureos GmbH, Friedensallee 273, 22763 Hamburg, Tyskland

ISBN: 978-91-8097-056-3

# INLEDNING

Välkommen till en resa där hemmet är en plats att bo på, samtidigt som det är en förlängning av ditt inre jag, ett fysiskt spektrum av energi, intention och harmoni. Mitt syfte med att skriva den här boken är att dela med mig av mina upptäckter om Feng Shui, inte bara som en praktisk metod för att inreda, utan också som ett verktyg för att skapa ett liv i balans, med flöde, mening och acceptans.

Feng Shui är i grunden en konst som bjuder in Qi, uttalas chi, livets energi, att strömma genom alla utrymmen som en stillsam flod. Att inreda med Feng Shui handlar om att skapa ett hem där Qi flödar harmoniskt och hjälper dig att trivas både fysiskt och mentalt. Vi kan skapa en miljö som vårdar kropp och själ genom att lyfta bort blockerande föremål för att i stället förstärka med inspirerande föremål. När du ser dig om i ditt hem, ser du bara möbler och väggar och en massa saker, eller ser du en oändlig möjlighet att forma en plats där du kan trivas, växa och finna ro?

I den här boken kommer du att se att varje hörn av ditt hem kan stödja olika aspekter av ditt liv. Färgerna du väljer, placeringen av dina möbler och till och med de allra minsta föremålen kan påverka din energi, dina relationer och dina mål. Vi kommer att gå igenom hemmets möjligheter med stöd av Baguakartan som guidar dig genom energicentra, till hur de fem elementen kan bringa både kraft och balans. Men viktigast av allt, den här boken är också en upptäcktsresa om dig själv. För när du förändrar ditt hem, förändrar du också energin i ditt liv. Så låt mig inspirera dig att göra förändringar som verkligen gör skillnad, tänk om ditt hem kan vara en plats som ger dig energi, lugn och balans varje dag. Föreställ dig att du vaknar upp en morgon och känner att varje vrå av ditt hem stöttar dig, inte bara praktiskt utan också själsligt. Att ta tag i hemmiljön är att samtidigt ta tag i sitt eget välbefinnande. Feng Shui erbjuder oss verktyg för att förändra hemmet på ett sätt som skapar skönhet och djup harmoni.

Ett hem med balans och flöde blir som en oas, när du går in genom ytterdörren lämnar du stressen utanför och stiger in i utrymmet som verkligen speglar vem du är och vem du vill bli. Låt ditt hem vara din utgångspunkt för harmoni i livet. Små förändringar kan ha stora effekter, du behöver inte göra en totalrenovering för att få effekt. Börja med en enkel sak, kanske att rensa en yta från rörighet eller placera ut några växter, belysning och talismaner i ett mörkt hörn.

Hemmet är en spegel av hur vi mår, och när vi medvetet förändrar vår hemmiljö kan vi också påverka hur vi känner oss. Feng Shui ger dig vägledning för att uppnå en känsla av mer fokus, trygghet och lugn. Påbörja din resa mot harmoni genom att börja med att lyssna på vad ditt hem säger till dig om vissa utrymmens stagnation och förhindrande av fria flöden. Vad är du nöjd med och vad vill du förändra? Genom Feng Shui kan du lära dig att lösa de subtila obalanser som kan påverka din dagliga energi. Så varför vänta, börja med ett litet steg idag och låt ditt hem bli en plats som inte bara ger dig tak över huvudet, utan också stärker dig, inspirerar dig och ger dig lugn. Varje förändring du gör, oavsett hur liten, är en investering i ditt eget välmående, och magi uppstår när du ser hur hemmet vaknar till liv. Men först lite historik för att skapa sammanhanget. Längst bak i boken hittar du en översikt över hur de kinesiska dynastierna placeras i tiden.

# FENG SHUI - URSPRUNG OCH HISTORIA

Feng Shui är en praktisk metod som är starkt influerad av mytologiska berättelser och universella principer som visar på tidlöshet och djup symbolik, vilket sammantaget gör alltihop än mer spännande. Inredningsfilosofin har en både rik och fascinerande historia med djupa kopplingar till traditioner och mytologi i det antika Kina. Principerna har utvecklats genom observationer av naturen, universums rörelser och harmoni mellan människa och miljö. Rötterna finns i antika kinesiska civilisationer och kan spåras flera tusen år tillbaka i tiden, till omkring 3000 före vår tideräknings början, vilket är en imponerande tidsutdräkt. Den kinesiska Lodstenen, ett tidigt verktyg som föregår kompassen Luo Pan, illustrerar en fascination för riktning och energi. Ursprungligen används principerna till att välja lämpliga platser för byggnader, gravar och jordbruk, med fokus på att harmoniera med naturens krafter. Även om direkt koppling till dagens Feng Shui är svår att fastslå, kan tankar kring den omgivande miljöns energi och harmoni spåras i den kinesiska kulturen under mycket lång tid. Tydliga tecken på att kunskap om landskapets form och riktningar spelar en viktig roll syns i forntida kinesiska byggnadskonstruktioner och begravningsmetoder. Kejsargravar är noggrant placerade i enlighet med geografiska och energetiska principer. Ruiner av forntida palats och tempel visar en genomtänkt planering som vittnar om användning av principer för att harmoniera med naturen. Tidiga bosättningar och stadskonstruktioner verkar vara arrangerade för att maximera energiflöden och skydda mot negativa krafter.

Mytologin spelar en viktig roll i historien, vilket också ger Feng Shui en mystisk och symbolisk dimension. Naturliga formationer som floder, berg och kullar associeras med mytologiska krafter. Feng Shui bygger på den kinesiska kosmologin, som även inkluderar teorier om balans i Yin och Yang samt de fem elementen. Koncepten anses spegla universums struktur och flöde. Skapelseberättelsen om Pangu inom kinesisk mytologi, reflekterar dualiteten mellan himmel och jord och harmonin mellan dessa två krafter är kärnan i balans och flöde. Yin och Yang. Idégodset kring Yin och Yang samt de fem elementen, har kopplingar till kinesisk kosmologi och samhälleligt tänkande redan under Shangdynastin. Filosofin illustrerar en tro på att människan är en del av ett större universellt mönster.

Feng Shui presenterar fyra viktiga mytologiska djur, som också används för att analysera platsernas energiflöde. Djuren representerar riktningar och hur energier samverkar och skyddar platser. Den mytologiska draken och den vita tigern är symboler inom Feng Shui som representerar balans mellan styrka och stabilitet. Draken symboliserar kraft, rörelse och himmelska energier, och ansluts ofta till den mytologiska gröna drakens sida i öster och Yang. Floder som slingrar sig runt markerna liknas vid drakens rörelse, som för med sig livskraft och rikedom. Tigern symboliserar beskydd, jordisk kraft och stabilitet och är kopplad till den mytologiska vita tigerns sida i väster samt Yin. De båda mytologiska djuren förväntas omgärda och skydda hem och mark, med draken som en symbol för livskraften Qi och tigern som en grundande kraft. Den svarta sköldpaddan i norr symboliserar långt liv och stöd och ett hem nära en bergsrygg anses skyddat av den svarta sköldpaddan. Den röda fågeln Fenix i söder står för transformation och möjlighet.

Under historiens gång utvecklas Feng Shui till en mer sofistikerad och organiserad praxis, särskilt under Tangdynastin och Songdynastin. Teorierna och verktygen, såsom Baguakartan och de fem elementen, som vi känner idag etableras under tidsperioden.

Taoism är en filosofi som grundas av Lao Zi på 500-talet före vår tideräkning. Taoismen betonar enkelhet, spontanitet och icke-handling, Wu Wei 無為, som innebär att agera i enlighet med naturens flöde utan att tvinga fram resultat. Tao är den största kraften ur vilken allt har uppstått och är bortom tid och rum. Historiskt sett utvecklas taoismen genom olika dynastier och kulturella förändringar. Under Handynastin blir taoismen en organiserad religion, och den blomstrar under Tangdynastin med kejsarens stöd. Taoismen influeras också av buddhismen och kinesisk folktro. Tao är en synkretism rik på tradition av ritualer och andliga övningar. Synkretism är ett begrepp som beskriver sammansmältningen eller föreningen av olika religiösa, kulturella eller filosofiska traditioner. Element från flera olika system kombineras och skapar något nytt.

Tao har en djupgående samverkan med Feng Shui eftersom båda delar samma filosofiska rötter i kinesisk tradition. Tao, som betyder *Vägen*, handlar om att leva i harmoni med naturens flöde och universums naturliga ordning och att låta livet utvecklas i linje med universums naturliga rytm. Tao är en påminnelse om att inte kämpa emot, utan låta saker falla på plats av sig själv, arbeta med naturens flöde hellre än att försöka tvinga fram förändring och anpassa sig till miljön i stället för att dominera den. Ett klassiskt exempel är vatten som är mjukt och följsamt, men ändå kan forma sten och skapa förändring över tid genom sin uthållighet och naturliga rörelse. Feng Shui förenar praktiska observationer av naturen med filosofiska och andliga perspektiv. Principerna handlar om att skapa balans och harmoni i olika miljöer genom att manipulera energier och arrangera möbler och dekorationer för harmonisk Qi. Frasen Feng Shui betyder bokstavligen *vind* och *vatten*, vilket symboliserar de naturliga krafter som formar och påverkar vår omgivning.

Med Wu Wei i bakhuvudet blir jag lite konfunderad över all ansträngning som vi gör inom Feng Shui att manipulera Qi-energin. Jobbar vi emot naturens krafter då, i stället för med? Vi ju gör allt vi kan för att påverka Qi med olika metoder att balansera eller skapa frihet för flödet. Manipulationen av flöden verkar kunna motiveras genom att betrakta praktiken som en form av medveten justering snarare än en konflikt med Wu Wei.

Ett exempel är att bonden omdirigerar vattenflödet för att bevattna sina grödor. Bevattningen är inte en kamp mot naturen, utan en handling i samklang med den då bonden arbetar med vattnets naturliga rörelse för att stödja liv och tillväxt. Wu Wei handlar om att förstå och respektera naturens krafter, och ibland kan vi behöva mildra hinder eller skapa förutsättningar för att energin ska flöda fritt. Inom Taoismen kan manipulation av energiflöden ses som en subtil anpassning i stället för en direkt intervention, där målet fortfarande är harmoni, inte dominans.

Att flytta på 27 saker är en spännande idé som har kopplingar till Feng Shui och energimanipulation. Enligt filosofin kan omorganisering av föremål hjälpa till att förnya energin i ett rum, skapa ett bättre flöde och till och med ge en känsla av förändring i livet och ge ny inspiration. Samtidigt är det praktiskt och roligt att leka med idéer, röra om i grytan och kanske hitta nya platser för föremål du inte ens tänkt på innan. Verktyget utgör ett snabbspår för förnyelse. Om du flyttar på 27 saker, varken fler eller färre, i ditt hem, frigörs energi och ett utrymme för förändring skapas i livet. Ja, du läser rätt, om du vill förändra ditt liv, ska du helt enkelt flytta 27 saker i ditt hem. Metoden skakar om Qi och bryter upp stagnation och monotoni samt ger hemmet en frisk fläkt. Själva antalet 27 förklaras i numerologiska sammanhang där numret anses vara ett kraftfullt och balanserat tal. Numret 27 är således inte slumpmässigt valt, det är en multipel av 9, som är ett lyckosamt tal. I kinesisk numerologi symboliserar siffran nio evighet, långvarighet och hållbarhet. Genom att flytta 27 föremål kan du symboliskt skapa plats för nya möjligheter och förbättra energiflödet i ditt hem och liv, med en långvarig verkan. Svårigheten ligger i att hamna rätt på antalet 27, när jag flyttar ett föremål uppstår behov av att flytta på flera andra som en följd för att obalans inte ska uppstå. Metoden kräver en hel del eftertanke, trots enkelheten i upplägget.

Vad tycker du – har du redan börjat flytta runt på dina saker, funderar du på att ge snabbspåret ett försök?

# YIN OCH YANG

Yin och Yang i kinesisk filosofi har en lång och fascinerande historia. Begreppen representerar kompletterande motsatser, såsom mörker och ljus, kyla och värme samt passivitet och aktivitet. Ursprungligen är Yin och Yang kopplade till naturens cykler och balansen mellan dag och natt. Idén om Yin och Yang utvecklas inom taoismen som betonar harmoni med naturen och universums naturliga ordning. Vi strävar inom Feng Shui efter att balansera Yin och Yang i våra rum för att skapa en harmonisk atmosfär. Yin och Yang symboliserar balansen vi behöver och är en del av taoismens grundläggande principer. Symbolen för Yin och Yang, kallad Taijitu, är välkänd och används för att illustrera hur motsatser är sammanflätade och beroende av varandra. Den svarta delen representerar Yin, medan den vita delen representerar Yang. Den lilla cirkeln av motsatt färg i varje del visar att närvaron av en del alltid finns i den andra. Genom att förstå och anpassa balansen mellan Yin och Yang kan du skapa en miljö som stödjer både ditt välbefinnande och dina mål. Yin representerar det mjuka, mörka, passiva och feminina. Hemma kan Yin manifesteras av lugna färger, dämpad belysning och mjuka former. Yang representerar det ljusa, aktiva, energiska och maskulina. I en inomhusmiljö kan Yang synas i stark belysning, ljusa färger och dynamiska mönster. Balans är nyckeln. Feng Shui handlar om att balansera Yin och Yang för att skapa harmoni. Till exempel om ett rum har för mycket Yin och är mörkt och tyst kan utrymmet kännas tyngande eller deprimerande. Du kan då introducera Yang, med ljusare färger eller starkare belysning. Om ett rum domineras av Yang och är för ljust eller rörigt, upplever du kanske utrymmet stressande. Här balanserar vi med Yins mjuka tyger eller dämpade toner. Sovrummet bör ha mer Yin än Yang eftersom platsen är till för vila och avkoppling medan arbetsutrymmet kan ha mer av Yang för att uppmuntra produktivitet och energi. Yin och Yang kan ses som en övergripande grundprincip inom Feng Shui, som sträcker sig även bortom den specifika tillämpningen i hemmet. Balansen mellan Yin och Yang är en hörnsten i kinesisk filosofi som genomsyrar många aspekter av praktiken i Feng Shui. Som vägledande princip vill Yin och Yang ha balans i allt. Harmoni ska råda mellan Yin och Yang i ett balanserande koncept som appliceras på allt, från energi i ditt hem till hur balans uppnås inom olika livsområden.

Yin och Yangs balanserande principer används vid arbete med Baguakartan för att säkerställa att inget område är för tungt alternativt för svagt energimässigt. Idén om Yin och Yang genomsyrar inte bara rum och platser utan även färgval, form och placering av objekt, och hjälper till att hitta en harmoni mellan lugnande och energigivande aspekter. I praktiken fungerar Yin och Yang som en slags lins genom vilken Feng Shui analyserar och justerar energi i både fysiska miljöer och människors liv. För mig får Feng Shui en tydligare och mer konkret betydelse när balansaspekten tas på allvar. Balans kan givetvis handla om estetiken, samtidigt som energierna ska vara i balans.

# *YIN, YANG OCH JÄMSTÄLLDHETEN*

Yin och Yang som grundläggande princip beskriver hur motsatta och samtidigt kompletterande krafter samverkar för att skapa balans i universum. Konceptet har en djupgående påverkan på hur könsroller formas i det kinesiska samhället. Traditionellt kopplas Yin, som associeras med det feminina, till passivitet, mjukhet och underordning, medan Yang, det maskulina, förknippas med aktivitet, styrka och dominans. Uppdelningen används för att rättfärdiga könsroller som ger kvinnan ett begränsat utrymme i sociala och politiska rum. Kvinnan hålls på plats i hemmet och mannen har makt att styra över offentligheten. Konfucianismen, som är en dominerande filosofi i Kina, förstärker könsroller genom att betona kvinnans roll som lydig hustru och mor. Kvinnan förväntas följa de tre lydnaderna; lydnad till sin far, sin make och sin son. Mannen har andra normer att förhålla sig till, han förväntas i stället följa de fem dygderna; medmänsklighet, rättfärdighet, ritualer och etikett, visdom, ärlighet och trovärdighet. Dygderna formar mannens roll i samhället och betonar ansvaret som ledare, försörjare och att vara en moralisk förebild. Yin och Yang tolkas på ett sätt som begränsar kvinnans möjligheter i samhället, vilket är i likhet med alla stora religioner och många filosofiska traditioner. Historien är sig lik i hela världen. Trots att Yin och Yang teoretiskt sett är komplementära och lika viktiga, får maskuliniteten högre status i praktiken. Kvinnan får en underordnad position i många aspekter av samhället. Så har inte alltid varit fallet, exempel finns på kvinnor med makt. Inom ursprunglig taoistisk tradition är shamanismen centrerad kring kvinnor och det kinesiska ordet Wu i begreppet Wu Wei syftar ursprungligen på en kvinnlig shaman. Historien visar upp flera kvinnliga ledare särskilt inom de lägre samhällsklasserna där de har större inflytande. Taoismen har alltså haft en mer flexibel syn på kön, där kvinnan spelar en viktig roll. Kvinnliga taoistiska mästare och gudinnor har haft stor betydelse, såsom Nu-kua, en drakgudinna som enligt myten skapar människan och reparerar världen.

Yin och Yang kan nu för tiden tolkas som en dynamisk och flexibel modell där varje individ äger egenskaper från både Yin och Yang, vilket öppnar upp för en mer jämställd syn på kön och makt. I dag finns även tankar om att vi befinner oss i en tid där den feminina energin återupprättas efter att under en lång period dominerats av den maskulina energin. Yin och Yang ska efter årtusenden återställas och få balans i en ny andlig tidsålder. I dagens Kina ifrågasätts traditionella könsroller och fler kvinnor tar plats inom politik, ekonomi och vetenskap. Dock finns fortfarande starka kulturella normer som påverkar kvinnans möjligheter. Kvinnor över hela världen behöver ta makt och balansera upp energierna till sin fördel. Styrka och potential uppnås genom en mer holistisk syn på energi och balans. Yin och Yang bör idag användas som en modell för att stärka kvinnan genom att omdefiniera traditionella könsroller och skapa balans mellan olika energier. Yin och Yang är inte strikt kopplade till kön, varje individ har båda energierna.

Vi kan börja med att omfamna Yin som en kraft, inte en svaghet. Traditionellt har Yin associerats med mjukhet, intuition och emotionell intelligens, vilket ofta betraktas som mindre värdefullt än Yangs styrka och aktivitet. Kvinnan kan stärka sig själv genom att integrera egenskaper från Yang, som beslutsamhet, handlingskraft och självständighet, utan att förlora sin Yin-kvalitet. Kvinnan kan använda Yin och Yang i personlig utveckling och försöka förstå och balansera sina egna egenskaper för att utveckla starkare självkänsla. Balans uppnås genom meditation och mindfulness för att stärka Yin, kombinerat med målsättning och handling för att aktivera Yang. Genom att lyfta fram Yin som en kraftfull och nödvändig energi stärker kvinnan sin position i samhället. Genom att stereotyper utmanas tar hon plats i områden där kvinnan är underrepresenterad. Vi ser kvinnliga ledare som använder empati och intuition för att skapa hållbara och inkluderande organisationer, vilket ger framgång. Kvinnor kombinerar strategiskt tänkande med emotionell intelligens i dagens affärsvärld. Kvinnliga ingenjörer och forskare bryter normer och visar att teknisk kompetens inte är begränsad till män. Och mannen tar plats i hemmet.

Inom kinesisk elementlära används de fem elementen trä, eld, jord, metall och vatten för att justera energier baserat på deras interaktioner, som att använda trä för att förstärka eld eller vatten för att stödja trä. Elementen i öst representerar energi och transformation, de är dynamiska och relaterar till varandra genom cykler som är närande respektive kontrollerande. Till exempel ger trä näring till eld, medan eld kontrollerar metall. Kinesisk elementlära används inom Feng Shui, kinesisk medicin, astrologi och många andra aspekter av livet för att förklara och harmonisera livsenergin Qi. Fokus ligger mer på elementens relation, förändring och balans, än på fysiska egenskaper.

Elementläran i västvärldens filosofi använder sig av de fyra elementen jord, luft, eld och vatten. Grundidén är att elementen representerar byggstenarna för all materia och form och har därför mer statisk natur där de definierar världens beståndsdelar. Västvärldens elementlära utvecklas ursprungligen av tänkare som Empedokles och Aristoteles och läran har en viktig roll i filosofi, tidig vetenskap och alkemi, samt inom symbolik och astrologi. Aristoteles kanske är känd för dig, min gissning är att Empedokles är mindre känd. Empedokles är en grekisk filosof, poet och politiker som lever under 400-talet före vår tideräkning. Han föds i Agrigentum, en grekisk koloni på Sicilien, och är mest känd för sin teori om de fyra klassiska elementen. Enligt Empedokles är elementen grund för all existens och påverkas av två motsatta krafter; kärlek, som förenar elementen, och hat, som separerar dem. Han är också en förespråkare för själavandring och anser att själen kan återfödas i olika former, även som djur och växter. Empedokles är en av de första filosoferna som formulerar en primitiv evolutionsteori, där han föreslår att levande varelser utvecklas från slumpmässigt sammansatta kroppsdelar. Hans död är omgiven av myter, enligt en legend ska han ha hoppat ner i vulkanen Etna för att bli en odödlig gud genom att försvinna mystiskt, men vulkanen spottar ut en av hans sandaler, vilket avslöjar hans öde. Empedokles har stort inflytande på västerländsk filosofi och är fortfarande en fascinerande figur inom antikens historia.

Fokus i väst ligger på att balansera såväl den materiella världen som den metafysiska. Elementläran jag en gång i tiden lärde mig har esoteriska element som läggs till de fyra grundläggande elementen, eter, mental och övermental. Även här talar vi om en balans, men mellan fysisk jord och andlighet.

Gemensamt för de båda elementsystemen från öst och väst är att element används för att beskriva världen och förklara harmoni och balans. Systemen har också tillämpningar i astrologi. Skillnader som kan märkas är att den kinesiska elementläran är cirkulär och fokuserar på relaterande dynamik. Samtidigt är likheterna många. Intressant nog har systemen vuxit fram under samma tidsepoker oberoende av varandra i olika ändar av världen och haft stor påverkan på sina respektive kulturer och traditioner.

Inom Feng Shui spelar material en viktig roll då direkt koppling finns till de fem elementen. Varje material har sin egen energi och används för att balansera och förbättra Qi i ditt hem.

För att få representation av träelementet kan du använda material som trä, bambu och kork. Trämaterialens energier står för tillväxt, expansion och vitalitet och används i möbler, golv, eller som dekorativa föremål placerade på rätt ställe i hemmet enligt Baguakartan. Föremål av trä främjar energi för framsteg och kreativitet. Även grönska och växter representerar träelementet och ska placeras ut på ett lämpligt sätt. Ett så kallat pengaträd står bra i området för rikedom och överflöd i sydost.

Eldelementet kan stärkas med stearinljus, keramiska föremål, och glas. Elden representerar passion, energi och transformation. Använd ljusstakar, lampor, röda eller varma färger, samt konst som symboliserar eld för att förstärka energin.

Jordelementets material är tegel, sten och terrakotta. Materialen förknippas med stabilitet, näring och trygghet och används i skålar och tallrikar. Väggar eller golv i jordnära material skapar en grundad och harmonisk energi.

Metallelementets material är givna, metall, koppar, guld, silver, järn och stål. Materialen står för precision, organisation och effektivitet och används i dekorativa detaljer som statyer, ramverk, metallampor, eller bord som förstärker klarhet och struktur.

Vattenelementets material är glas, speglar, fontäner och akvarium. Materialen representerar lugn, stillhet och flöde och används i speglar, skålar med vatten, eller blåa och mörka färger för att främja en känsla av djup och reflektion.

## *ELEMENTENS SAMSPEL*

Feng Shui använder sig av elementenergiernas interaktion och balanserande effekter. Elementens relation till varandra bygger på två huvudcykler, näringscykeln som skapar, och kontrollcykeln som begränsar. Näringscykeln som skapar, beskriver hur elementen ger stöd och energi till varandra i en harmonisk process. Trä ger näring till eld genom att brinna, eld skapar jord genom att lämna efter sig aska, jord ger upphov till metall, som bildas i dess djup. Metall kondenserar och hjälper till att skapa vatten och vatten ger i sin tur liv åt trä genom att ge näring åt växter.

Kontrollcykeln som begränsar, beskriver hur elementen balanserar och håller varandra i schack för att undvika att ett av dem blir överväldigande. Trä kontrollerar jord genom att trädens rötter stabiliserar och begränsar jorden. Jord kontrollerar vatten då jord kan absorbera och blockera vatten. Vatten kontrollerar eld för att vatten släcker eld. Eld kontrollerar metall för att eld smälter metall. Metall kontrollerar trä för att metall, i form av yxor eller sågblad, kan skära ner trä.

Cyklerna samverkar för att skapa balans. Näringscykeln ser till att energin flödar och utvecklas och kontrollcykeln ser till att inget element blir dominerande eller stör balansen. När du inreder ditt hem enligt Feng Shui ska du se till att stärka näringscykeln i områden du vill boosta med positiv energi. Om du exempelvis vill ha ökad kreativitet, använd metallelementet som genererar vatten som stödjer flöden och nya idéer. För karriär, använd vattenelementet som ger energi till trä för personlig tillväxt. Undvik obalans som kan uppstå när ett element överväldigar ett annat. Använd kontrollcykeln för att dämpa obalansen. Om eld känns för stark i ett område, lägg till vatten för att balansera. För att skapa harmoni balanseras elementen och deras material i hemmet. Om ett rum känns överstimulerande, introducera lugnare material från vatten eller jord. Om ett rum känns för stillastående, tillför energiska material som representerar eld eller träelementen. Blanda och placera materialen för att skapa visuell balans och energiflöde i varje område.

## FENG SHUI I DAG

Grunden i att inreda med stöd av principerna i Feng Shui omfattar att förstå hur rumsindelning, färger, former och möblering kan påverka energiflödet. Genom tillämpningen kan vi sträva efter att förbättra och förstärka olika aspekter av livet, inklusive hälsa, relationer och framgång. Feng Shui har definitivt utvecklats till att bli ett populärt verktyg för att skapa harmonisk inredning med god estetik, samtidigt sträcker sig dess betydelse även i dagens livsstil långt bortom skönhet och spelar fortfarande en bred roll.

Feng Shui hjälper dagens stressade människor att skapa en miljö som främjar lugn och positiv energi, vilket har en direkt inverkan på mental hälsa. En harmonisk atmosfär kan skapa känslor av välbefinnande genom trygghet och mental balans och kan förbättra hur vi människor fungerar. Genom att optimera placering av möbler och frigöra Qi, kan Feng Shui göra vardagen mer effektiv och bekväm, då bostadens funktion får ett skönt flöde där vi slipper snubbla. Med hjälp av Feng Shui kan vi reflektera över våra mål och ambitioner i arbetet med specifika områden i enlighet med Bagua, för att få riktning och fokus för personlig utveckling.

Feng Shui används för att manifestera intentioner, vilket verkligen är en form av hushållsmagi. Placering av föremål och val av färger speglar värden och önskemål och förstärker deras symbolik. Qi-energin blir benägen att uppfylla våra önskemål, vilket också skapar en känslomässig och andlig koppling till omgivningen. Modern tillämpning av Feng Shui inkluderar en ökad medvetenhet om miljö och hållbarhet, genom att använda och integrera naturmaterial i inredningen med ekologisk och hållbar design. Så även om Feng Shui ofta förknippas med estetik och rensning, skapar principerna mer än bara vackra rum, en helhetssyn uppstår som inkluderar välmående, funktion och energi i livet. Kan du skönja hur Feng Shui skulle kunna integreras i din egen livsstil?

## FENG SHUI I PRAKTIKEN

Den mytiska härledningen av Bagua sägs komma från Fu Xi, en legendarisk kinesisk kejsare och likaså gudomlig figur som introducerar grundprinciperna för Yin och Yang samt de åtta trigrammen. En central del av Feng Shui är Baguakartan, ett verktyg som används för att analysera och balansera Qi i olika delar av ett rum eller en byggnad. Bagua betyder *åtta områden* på kinesiska och representerar olika livsaspekter, bland annat relationer, hälsa och framgång. Kartan fungerar som en energimall som delas in i åtta sektioner runt ett betydelsefullt, sammanhållande centrum. Varje segment är kopplat till ett specifikt livsområde som har färger, element och symbolik associerade. Genom att använda färger och elementprinciper för respektive område av ditt hem kan du förstärka energin och förbättra flödet av Qi enligt Feng Shui.

För att komma i gång behöver du först göra en enkel ritning över ditt hem, du behöver papper, penna och en linjal, eller digitala ritningsverktyg. Rita en översikt av ditt hem, inkludera alla rum, dörrar, fönster och eventuella större möbler. Se också till att få med trädgård eller balkong om du har någon, och märk upp var ingång/entré är samt var vatten och el finns. En enkel ritning skulle kunna se ut som här intill för en tvårummare.

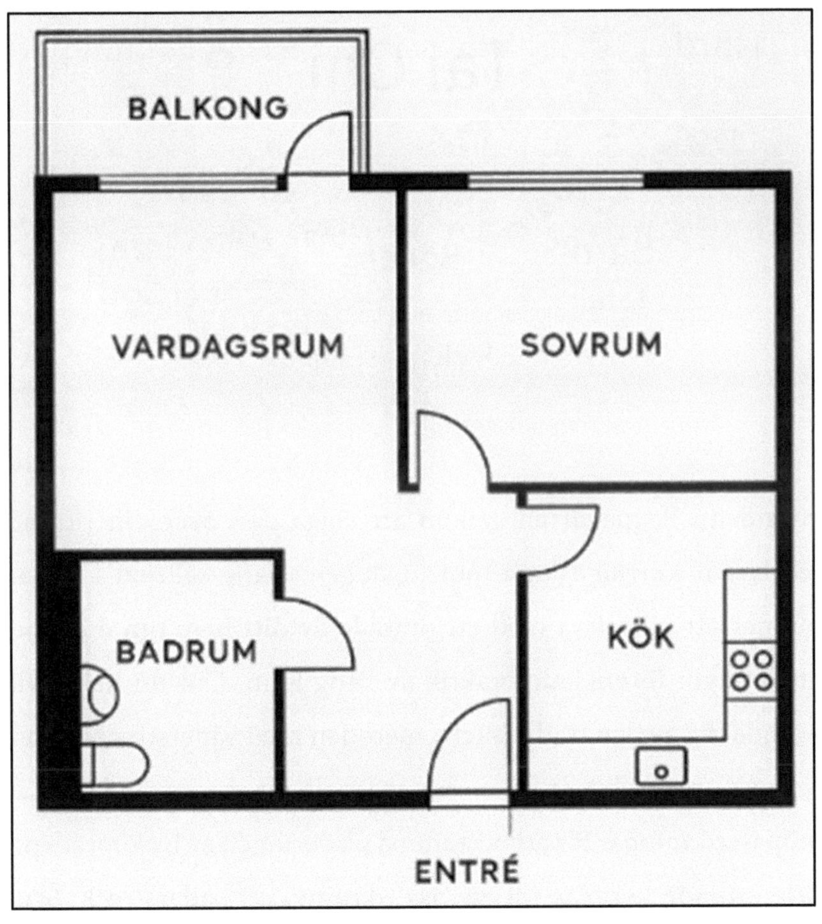

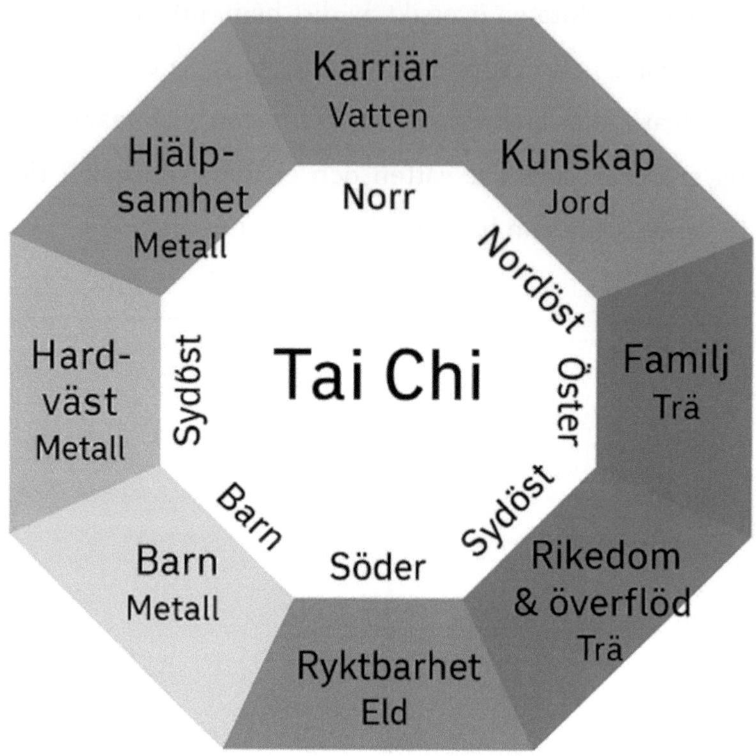


Använd nu Baguakartan genom att lägga den över din ritning, med basen *Karriär* riktad mot ingången. Varje sektion i kartan kommer att korrelera med ett område av ditt hem om du väljer denna något förenklade praktik av Feng Shui. Om du hellre vill använda dig av den traditionella metoden med väderstrecken som utgångspunkt behöver du en kompass då du ska använda dig av kompassriktningar för att bestämma placeringen av livsområdena. Varje område kopplas till en viss riktning, ett väderstreck. Själv föredrar jag den traditionella metoden med väderstrecken, då metoden harmonierar mer med världen i övrigt och platsen för min bostad samt med naturens krafter. Med hjälp av Bagua kan du analysera varje del av ditt hem och identifiera vilka områden som behöver energi, harmoni eller justering. Varje sektion av kartan motsvarar ett specifikt område i livet, och genom att balansera dessa sektioner med principerna i Feng Shui kan energin förbättras både i miljön och i livets olika aspekter. Bagua appliceras på ett specifikt utrymme, varje rum i bostaden kan analyseras på samma sätt och får då extra dimensioner. Alla element bör oftast vara representerade i alla rum, placerade på rätt ställe i rummet. Bostaden ska ha föremål som associeras med varje element vid en särskild plats, en vägg eller ett hörn. Samtidigt ska hemmet inte upplevas vara överbelamrat, nu när vi vet vad vi kan locka till oss genom alla symboliska föremål vill vi ha dem alla. Vi får behärska oss en smula och välja med omsorg.

# BAGUANS LIVSOMRÅDEN

## Karriär

Basen i den enklare ingångsmetoden är livsområdet *Karriär* som främjar framgång och flöde i yrkeslivet. Elementet som bär karriären är vatten och färgerna som är associerade med området symboliserar djup och rörelse likt vatten. Svart, mörkblå, och grå är de distingerade, affärsmässiga färger som vi sammankopplar med karriären. Karriärområdet på Baguakartan ligger i hemmets eller rummets norra del. För att stärka karriärenergin kan du använda specifika föremål och symboler som förstärker vattenelementet och den energi som bidrar till framgång, flöde och rörelse. Placera en liten vattenfontän som symboliserar rörelse och framgångens flöde så att vattnet flödar in i hemmet, inte ut. Tavlor eller foton som föreställer hav, sjöar eller vattenfall förstärker energin, liksom en enkel skål med rent vatten. Använd dekorationer i blått och svart och exempelvis mattor, kuddar eller konstverk i karriärens färger för att förstärka energierna. Svarta eller mörkblå stenar, som obsidian eller lapis lazuli, är perfekta för att förstärka karriärenergin. Du kan också använda symboler för framgång som tavlor med inspirerande ord eller bilder som föreställer en stege eller ett stigande berg som kan vara kraftfulla symboler. Fisken är en klassisk symbol för rikedom och framgång och särskilt koi är en populär fisk som stärker karriärområdet, både levande och som staty eller figur, som kan placeras ut på lämpliga platser. Spegeln representerar vatten och sprider god energi, placera den så att ljus eller en bild av vatten reflekteras. Föremål som representerar rörelse som ett härligt klingande eller rasslande vindspel kan användas i norra delen av hemmet för att skapa rörelse i energiflödet. En stilren klocka kan fungera som en symbol för tiden och en påminnelse om att framgång kommer med rätt timing. Metall förstärker vattenelementets energi, så föremål som statyer alternativt lampor i silver eller krom fungerar bra i karriärområdet. Placera saker här som representerar dina mål eller framgångar, såsom diplom, priser eller något som inspirerar dig. Viktigast är att du placerar föremålen med en medveten intention att stärka din karriär och skapa positiv energi. Förstärk effekten genom att visualisera framgång och flöde varje gång du interagerar med platsen

*Kunskap och Självutveckling*

Livsområdet *Kunskap och Självutveckling* handlar om stillhet, inre visdom och personlig utveckling, vilket förknippas med jordelementet. Färgerna ska här vara i blå och gröna toner samt även bruna och beige jordnära färger som representerar lugn och stabilitet. Använd färgerna i mattor, kuddar eller i väggfärg för att stärka energierna i området. Väderstrecket är nordost och att stärka energierna här är perfekt för att främja fokus, inlärning och personlig utveckling. Placera böcker som representerar kunskap och inspiration samt visdom och lärande på en liten bokhylla eller på ett bord och lägg även fram anteckningsböcker, ett skrivhäfte eller en dagbok som signalerar reflektion och självuttryck. Blå och jordnära kristaller som sodalit, främjar logiskt tänkande och intuition. Lapis Lazuli som kopplas till visdom och djupare självinsikt samt ametist för mental klarhet och emotionell balans. Keramik eller andra jordelement, som krukor eller små statyer, hjälper till att balansera energin här. Statyer av Buddha eller andra lärda personer kan inspirera till lugn och visdom är ett kraftfullt visuellt ankare för stillhet och medvetenhet. Mandala eller andra geometriskt mönstrade konstverk skapar en känsla av stillhet och koncentration och är en hjälp för att samla tankarna och stärka koncentrationen. Växter eller föremål som symboliserar tillväxt och lärande passar perfekt på denna plats. Växter har en stark symbolisk koppling i Feng Shui och kan vara kraftfulla verktyg för att representera kunskap och självutveckling. Här passar krukor i terrakotta bäst. Bonsaiträd symboliserar tålamod, fokus och harmoni och de kräver mycket omsorg och tid, vilket speglar personlig utveckling och lärande. Ormbunkens mjuka och organiska form symboliserar lugn och introspektion och är därför perfekt för att skapa en fridfull atmosfär som stödjer reflektion.

Fredskallan är en fin symbol för frid och renhet och förbättrar både luftkvalitet och energiflöde, vilket är idealiskt för stilla fokus och självinsikt. Aloe Vera symboliserar healing och tillväxt, vilket reflekterar resan av självutveckling. Andra roliga föremål för kunskap och självutveckling kan vara en liten sandträdgård, en Zen-garden som är perfekt för meditation och reflektion. Att kratta sanden speglar lugnet i att ordna och strukturera tankar. Ställ fram doftspridare eller rökelsehållare för användning av dofter som sandelträ eller lavendel som kan lugna sinnet och stödja introspektion. Placera också ut ett vackert skrivset för att göra din plats för skrivande speciell för dig. Använd kvadratiska eller rektangulära föremål, formen är stabil och jordande vilket kompletterar energin på platsen. Här kan du reflektera över dina mål och den iordninggjorda platsen sänder signaler om att kunskap och utveckling är en prioritet. Använd vindspel, särskilt av trä, bambu eller metall, behagliga ljud kan skapa en meditativ känsla och påminna om ständigt flöde. Placera föremålen och växterna med intention och syfte för platsen att stärka dig. Skapa en liten hörna med en bonsai, en ljuslykta och en bok som inspirerar dig. Gör en meditationshörna med din sandträdgård, en sodalit och doftljus. Placera en mandala eller tavla som visuellt fångar stillhet och självinsikt och tänd ett fint ljus för att skapa atmosfär. Viktigast är att föremålen du väljer inte bara passar livsområdet utan också känns meningsfulla för dig. Placera föremålen med en medveten avsikt kanske genom att tänka eller säga ett positivt mål, en affirmation, som stärker din förmåga att lära, växa och utvecklas som människa.

### *Familj och Traditioner*

*Familj och Traditioner* är ett livsområde tillhörande elementet trä som stärker relationer inom familjen och traditionella band. Färgerna speglar en växande energi och koppling till naturen, och de gröna och blå tonerna främjar en känsla av harmoni och liv. Du kan använda färgerna på väggar, kuddar eller på andra dekorationer. Området för familj och tradition ligger enligt Baguakartan i den östra delen av ditt hem eller rum. Livsområdet fokuserar på att stärka relationer, arv, harmoni och kopplingar mellan generationer. Ställ fram eller sätt upp en skänk eller hylla som kan utgöra en plats där föremål för tradition och arv kan visas upp, på så sätt skapas en känsla av stolthet och respekt. Placera dina foton på familjemedlemmar, både nuvarande och tidigare generationer här, för att stärka banden och hedra ditt arv. Även föremål som tillhör äldre generationer, såsom gamla smycken, hantverk eller andra familjeklenoder, förstärker kopplingen till tradition och arv. Möbler eller dekorativa detaljer i trä, som ramar eller skulpturer, förstärker energier inom träelementet. Växter är idealiska för att representera tillväxt och vitalitet. Fyll platsen med livliga, friska växter som stärker energin och ger en känsla av framgång. Tavlor som representerar släktband eller visar symbolik för generationskoppling är perfekta här. Föremål som representerar familjens kultur eller traditioner, kanske en familjevapen, flagga eller kulturella artefakter, stärker banden till ditt arv. Höga och vertikala former på föremål symboliserar tillväxt och förstärker träelementet. Placera böcker eller album som dokumenterar släktens historia och berättelser här. Levande ljus eller mjuk belysning kan skapa en inbjudande atmosfär som främjar samhörighet och värme. Vindspel med trädetaljer kan förstärka energi och symbolisera en mjuk rörelse inom familjen. Placera möbler som uppmuntrar till umgänge och samtal på platsen, exempelvis en soffa och ett bord för gemenskap. Placeringen av föremål här ska kännas varm och meningsfull. Tänk på att föremålen du ställer fram inte bara handlar om att visa saker, utan också om att skapa en energi som främjar förståelse och koppling mellan generationer.

*Rikedom och Överflöd*

*Rikedom och Överflöd* tillhör också träelementet och livsområdet hjälper till att attrahera ekonomiskt välstånd och materiellt överflöd. Färgerna är djupgrön, lila och guld. Grön symboliserar tillväxt, lila står för rikedom, och guld representerar framgång. Väderstrecket är sydost. För att förstärka rikedomens energi är levande växter särskilt effektiva. De symboliserar tillväxt och framgång, och genom placering av frodiga och välmående växter i området ger vi näring åt energin som förknippas med ekonomiskt överflöd. Fetbladsväxten, jadeväxten som ofta kallas för pengaträd heter egentligen Crassula Ovata. Crassulan har tjocka, köttiga blad som liknar små mynt, vilket har gett den sitt smeknamn. Fontäner eller andra vattenelement har också en kraftfull påverkan, då vatten traditionellt symboliserar flödet av pengar och resurser. Vattnet ska vara rent och rörligt, eftersom stillastående vatten kan leda till blockeringar i energin. Konst och bilder med naturmotiv, såsom skogar, träd eller vattenfall, kan ytterligare förstärka träelementets positiva inverkan. Bilder fungerar som visuella förstärkningar av tillväxt och överflöd, och bidrar till att skapa en mer harmonisk och framgångsrik atmosfär. Spegeln är också användbar i sammanhanget eftersom den reflekterar ljus och energi, vilket kan bidra till att förstärka känslan av rikedom. Belysning spelar en viktig roll i att aktivera Qi, ett väl upplyst och livfullt rum bidrar till att förstärka energiflödet. Symboler för ekonomisk framgång kan placeras strategiskt här för att förstärka intentionen. Mynt, guldföremål och bilder som representerar rikedom är vanliga val. Genom att medvetet välja objekt riktas energin mot ekonomisk tillväxt. Platsen måste hållas ren och organiserad, eftersom oreda kan leda till stagnation i energin och hindra naturliga flöden av överflöd. Genom att balansera dessa element och medvetet placera föremål som förstärker överflödets energi påverkas livet i en mer positiv riktning. Kanske har du redan några av dessa inslag i ditt hem, eller funderar du på att göra förändringar för att förstärka rikedomens energi?

### *Berömmelse och Rykte*

Livsområdet *Berömmelse och Rykte* stärker synlighet och positivt erkännande, som påverkas av elementet eld. Rött, orange och lila är starkt kopplade till eldens energi och symboliserar passion, styrka och vitalitet. Använd färgerna i kuddar, konstverk eller andra dekorativa föremål. Lägg till toner av grönt från träelementet för att stödja elden, eftersom trä ger näring till elden enligt de fem elementen. Platsen för berömmelse och rykte enligt Baguakartan ligger i den södra delen av ditt hem eller rum.

Livsområdet handlar om hur du uppfattas av andra, din integritet, dina prestationer och ljuset du strålar ut i världen. Här passar dekorationer med representation för solen, som målningar eller skulpturer som symboliserar ljus och synlighet. Symbolik som antyder eld eller strålande energi, som stjärnor eller flammande motiv gör sig bra här. Visa upp priser, diplom eller andra symboler som representerar dina personliga framgångar. Levande ljus förstärker eldenergin på ett enkelt sätt. Placera ljusstakar, doftljus eller en eldstad här och se till att platsen är väl upplyst med varma och kraftfulla ljuskällor. Pyramidformade föremål symboliserar eldens stigande form och förstärker energin. Växter representerar träelementet, vilket stärker elden, placera växter med röda eller orange blommor här för extra effekt. Undvik att använda vattenelementet, då för mycket vatten eller vattenmotiv, kan släcka eldens energi och minska dess effekt. Bilder och konstverk med motiv av framgång som representerar prestationer, som bergstoppar, fåglar i flykt eller brinnande ljus, kan förstärka intentionen. Personliga bilder av personer som inspirerar dig eller symboliserar dina målsättningar kan finnas här. Kristaller som röd jaspis eller karneol är kristaller som förstärker eldens energi och kan placeras här för att dra till sig berömmelse och erkännande. Metallföremål i guld eller brons symboliserar framgång och rikedom, och kan stödja ambitioner. Placera dina föremål med avsikt när du ordnar platsen, visualisera ljus och erkännande du vill dra till dig. Se varje föremål som en del av din framgång. Rena regelbundet med rökelse för att säkerställa att energin flödar fritt och är klar, här skapar du en tydlig och kraftfull energi som förstärker ditt självuttryck och din synlighet.

### *Relationer och Kärlek*

*Relationer och Kärlek* är rotade i jordelementet och är ett livsområde som förbättrar romantiska relationer och nära band. Färgerna tillhörande området är rosa, jordnära toner som beige och ljusbrun. Rosa står för kärlek och mjukhet, medan jordfärger ger stabilitet, du kan integrera dem i form av dekorationer, textilier eller små detaljer. Jordtoner som beige, sandfärger eller andra mjuka jordfärger skapar en stabil grund för harmoni och trygghet i relationer. Livsområdet för relationer och kärlek enligt Baguakartan ligger i den sydvästra delen av ditt hem eller rum och representerar romantiska relationer, partnerskap och balans. Placera ut föremål som kommer i par för att symbolisera balans och samhörighet. Föremål i par skapar en känsla av partnerskap och jämvikt. Två ljus, två kuddar, två skulpturer eller statyer av exempelvis fåglar eller hjärtan. Använd dig av romantisk konst som tavlor eller bilder vilka representerar kärlek, som bilder av par eller romantiska landskap, vilket förstärker känslan av kärlek och harmoni. Undvik konstverk som avbildar ensamhet eller separation, eftersom de kan skapa subtil energi av distans. Ställ även ut små växter i par, två matchande växter kan användas som symboler för tillväxt och balans i relationer. Undvik kaktusar eller växter med vassa blad som kan skapa spetsig energi som stör harmonin. Placera kristaller och stenar på nattduksbord, hyllor eller nära parföremålen för att förstärka intentionen av kärlek. Rosenkvarts är känd som kärlekens sten och symboliserar ovillkorlig kärlek, harmoni och självacceptans. Månsten sätts i förbindelse med emotionell balans och relationer. Använd mjuka och inbjudande textilier som filtar, kuddar och gardiner för att skapa en varm och intim atmosfär. Undvik rörigt eller splittrat mönster, välj i stället harmonisk och sammanhållen design. Varm och dämpad belysning skapar en romantisk och avkopplande stämning, levande ljus är särskilt kraftfulla här. Doftljus med mjuk och romantisk doft som vanilj, ros eller lavendel kan förstärka atmosfären av kärlek. Placera ut ett foto som symboliserar din och din partners relation och era gemensamma minnen. Visa upp föremål som har en speciell betydelse för din relation, som presenter du fått från din partner. När du inreder här, ha i åtanke att kärleken och harmonin ska stärkas i ditt liv. Visualisera hur energin flödar fritt och föreställ dig kärleken och balansen du vill manifestera.

*Kreativitet och Barn*

Livsområdet *Kreativitet och Barn* hör till metallelementet och främjar kreativitet och barnens välbefinnande. Färgerna är vit och ljusa metallfärger som silver och guld som symboliserar renhet och inspiration. Området för kreativitet och barn enligt Bagua-kartan ligger i den västra delen av ditt hem eller rum. Området representerar kreativitet, skapande, glädje och ditt förhållande till barn både dina egna och barn i allmänhet. För att förstärka platsen och dess energi kan du använda föremål och principer som inspirerar till kreativitet och främjar en lekfull och glad atmosfär. Använd lekfulla och kreativa föremål, placera även penslar, färger, skissblock eller andra konstnärliga verktyg på platsen för att främja skapande. Leksaker, spel eller roliga föremål kan sättas fram här för att bjuda in till lek och glädje, särskilt om du har barn. Dekorationer i metalliska färger, silver, vitt och guld, stärker metallelementet och skapar en klar och organiserad känsla. Skulpturer, lampor eller andra metallobjekt förstärker energin för kreativitet och struktur. Använd vitt som huvudfärg för att främja klarhet och koppla till metallelementet. Lägg till ljusa färger för att inspirera kreativitet. Dekorationer med cirkulära eller mjuka linjer symboliserar rörelse och skapande samt bilder som inspirerar skapande, som färgglada motiv, fantasifulla landskap eller kreativa mönster. Placera foton av barnen/banbarnen eller deras konstverk för att förstärka energin kopplad till barn och glädje. Dekorationer eller föremål som har en speciell koppling till dina barn eller barn i ditt liv kan förstärka relationen och energin. Skapa ett hörn för kreativitet, en plats där du eller barnen kan utforska idéer och projekt, kanske ett bord med pysselmaterial eller en hörna för fantasifull lek. Använd personliga föremål som stärker din egen inspiration. Om du har egna kreativa idéer och projekt på gång, placera föremål som symboliserar dessa här. Små, livliga gröna växter stärker känslan av fräschhet och vitalitet här. Placera dem i vita eller metalliska krukor för att förstärka metallelementet, använd växter som symboliserar tillväxt, blommor eller växter med runda blad passar extra bra här. Belys platsen med varmt och klart ljus som förstärker känslan av glädje och kreativitet. Roliga och mjuka ljuskällor kan skapa en lekfull atmosfär. Undvik överbelamring och skapa utrymme för nya idéer och aktivitet. När du inreder platsen, ha intentionen att främja glädje och skapande. Visualisera hur energin flödar fritt och förstärker både kreativitet och din koppling till barn.

*Resor och Hjälpsamma personer* är ytterligare ett livsområde som påverkas av metallelementet. Här lockar vi till oss hjälp från andra och främjar nya möjligheter genom resor. Färgerna som associeras hit är grå, vit och silver. Grått och vitt skapar klarhet och öppnar för stöd och kommunikation. Använd grått och vitt i textilier, mattor eller dekorativa föremål för att förstärka metallelementet. Kombinera metallelementets färger med subtila jordtoner för balans. Området för resor och hjälpsamma personer ligger i den nordvästra delen av ditt hem eller rum enligt Baguakartan. Livsområdet representerar stöd, nätverk, möjligheter och resande. Placera en karta, jordglob eller konst som representerar resande och världens möjligheter. Använd dina reseminnen, föremål från tidigare resor såsom souvenirer, då de förstärker energin för nya äventyr. Lägg fram bilder på platser du vill besöka som kan fungera som inspiration och stöd för framtida resor. Föremål som symboliserar stöd, hjälp och vägledning som skulpturer av guider, änglar eller personer kan placeras här liksom konst eller fotografier av människor som inspirerar dig eller har varit hjälpsamma i ditt liv. Metallföremål och dekorationer i metalliska toner, som silver eller vitt, stärker metallelementet och skapar klarhet och struktur. Små metallskålar, statyer eller ljusstakar fungerar perfekt här och tydlig och stark belysning hjälper till att stärka energin. Ett metalliskt vindspel kan förstärka energin och skapa rörelse. Om du söker stöd och nätverkande i karriären, placera föremål för nätverkande och relationer här. Minnessaker från hjälpsamma personer förstärker energin av tacksamhet och öppenhet för mer stöd. Placera föremål som stärker din egen avsikt, exempelvis ett kort med en lista över platser du vill besöka eller mål du vill uppnå. Inspirerande ord som handlar om hjälp, vägledning eller äventyr kan förstärka energin. Spirituella föremål som klangskålar eller rökelse för att rena platsen och förstärka energin för hjälp och resande. Kristaller som klar kvarts eller hematit är perfekta för att skapa klarhet och dra till sig stöd. När du inreder platsen, sätt avsikten att attrahera rätt hjälp, möjligheter och äventyr. Visualisera hur föremålen fungerar som en kanal för positiv energi.

## *Hälsa, tai chi*

Mitten på Baguakartan representerar Tai Chi, som symboliserar balans, helhet och den centrala livsenergin. Här möts Yin och Yang i harmoni, och platsen fungerar som en kraftkälla som påverkar alla de andra livsområdena runtomkring. Mitten representerar din inre kärna, din hälsa och ditt välbefinnande och är en påminnelse om att balans inom alla aspekter av livet börjar med balans inom dig själv. Att förstå Tai Chi i Feng Shui är att förstå att utan en stabil mittpunkt kan de andra livsområdena inte blomstra. Eftersom Tai Chi är kopplat till jordelementet, är färger som gult, beige och jordnära toner fördelaktiga här. Centrum är också en bra plats för stabila och harmoniska föremål, som kristaller eller symboler för centrering och inre styrka. Använd färgerna på väggar, mattor, kuddar eller andra dekorationer. Ljusa och naturliga färger bidrar till en lugnande atmosfär. Centrumområde för hälsa enligt Baguakartan är hjärtat av ditt hem, vilket har en enorm betydelse för att skapa balans och välmående för hela hushållet. Ett tomt område kan vara lugnt och fokuserande samtidigt behövs engagemang i utrymmet. Renhet är nyckeln här då ett rörigt eller stökigt centrum kan blockera energin. Håll centrum rent, luftigt och välorganiserat för att skapa utrymme för Qi. Växter symboliserar livskraft och renar luften. Placera friska, gröna växter här för att föra in vitalitet och energi. Välj växter med rundade blad för att främja en mjuk och balanserad energi. Undvik vassa eller taggiga växter, som kaktusar. Placera skålar, fat eller vaser i jordtoner som representerar stabilitet och näring. Konstverk eller dekorationer som symboliserar balans och harmoni, exempelvis symbolen för Yin och Yang eller andra cirkulära former, är perfekta för utrymmet. Kristaller som citrin eller tigeröga är kopplade till jordelementet och kan förstärka känslan av trygghet. Centrum ska inte vara överbelamrat, samtidigt behövs liv. Tänk balanserad minimalism där varje objekt har en betydelse och funktion för att främja välmående. Mjuk belysning förstärker känslan av trygghet och stabilitet. Ljuskällor som sprider ett varmt, naturligt ljus är idealiska. Placera en central ljuskrona här som symboliskt binder samman hela utrymmet. Om ditt centrala område är del av ett större gemensamt utrymme, som vardagsrummet, kan platsen bli till en harmonisk mittpunkt med hjälp av energiförstärkande placeringar. Ett vackert matbord som samlar familjen. En enkel och symbolisk dekoration som en skål med färsk frukt. En rund matta som symboliserar balans. Centrum är som hjärtat i ditt hem som pumpar ut energin till alla andra delar av huset. Genom att skapa harmoni och balans här kan du påverka hela hemmet positivt.

## GENERELLA PRINCIPER

Att placera möbler med omsorg är viktigt för att skapa en harmonisk och funktionell miljö. Några grundläggande, generella principer finns att tänka på, gällande funktion och flöde som påverkar både i fysiken och i energierna. Varje ingång till ett rum kan betraktas som en ingång, även om huvudentrén är via ytterdörren, porten. Entrén är ett viktigt område då den är porten för både energi och människor. Håll varje entré ren, välorganiserad och ljus för att skapa ett positivt intryck. Tänk på att du behöver kunna röra dig genom rummen. Placera möbler så att gångvägarna är fria och att du enkelt kan nå viktiga funktioner som dörrar och fönster. Undvik att blockera ingångar och fönster, så att ljus och energi kan flöda fritt. Placera möbler så att de inte utgör hinder vid dörrar och att de enkelt kan öppnas hela vägen. Du ska inte behöva snubbla eller trängas i onödan och när du går genom rummet ska rörelsen kännas naturlig.

Identifiera rummets naturliga centrum och fokuspunkter, och ordna möbleringen runt dessa för att skapa harmoni. I Feng Shui representerar rummets centrum balans och helhet. Undvik att ha tunga eller röriga föremål här, håll centrum öppet och fritt för att främja harmoni. Välj möbler som passar storleken på rummet och sträva efter balanserad proportion. Överdimensionerade möbler kan resultera i ett klaustrofobiskt intryck, med svårigheter att ta sig fram som följd, medan för små möbler kan ge känslor av tomhet och ödslighet. Försök över huvud taget att undvika övermöblering, som kan bidra till visuellt kaos och begränsa energiflödet. Var selektiv och fokusera på kvalitet snarare än kvantitet.

Symmetri i möbleringen är ett kraftfullt designverktyg som kan skapa balans och harmoni i ett rum, både visuellt och energimässigt. Principen ger ett känslomässigt lugn som känns naturligt för ögat. En symmetrisk placering av möbler och dekor kan ge en känsla av ordning och harmoni, vilket främjar ett fridfullt och avslappnat rum. Inom Feng Shui hjälper symmetri till att balansera Qi, livsenergins flöde. När möbler placeras jämnt och i linje med varandra, undviks störande obalanser som kan påverka energiflödet. Att upphöja symmetri till en strukturerande princip kan vara särskilt användbart i mindre eller komplexa rum som hjälper till att göra rummet organiserat och väl sammanhållet. Genom att använda symmetri kan du undvika att rummet känns rörigt eller överbelastat med intryck och balans uppstår mellan möbler, färger och dekor. Praktisk tillämpning av symmetriskt tänkande kan vara att placera soffor och stolar i par, eller skapa en symmetrisk arrangering runt ett soffbord. Att använda nattduksbord och lampor på båda sidor om sängen skapar också en symmetrisk känsla. Häng konst på väggen i jämna arrangemang, och balansera de dekorativa föremålen mot varandra. Inredningen ska inte täcka för varandra, de ska i stället ha egna utrymmen att vara vackra och glänsa i. Symmetri behöver inte vara perfekt, ibland kan effekt skapas genom att bryta symmetrin med ett intressant föremål som harmonierar med ett särskilt element för att skapa intresse och dynamik. Var beredd på att integrera de fem elementen genom färger och materialval i alla rum för att balansera energin. Att bryta symmetrin kan ibland vara bra för att uppnå balans på ett annat plan.

Placera speglar för att reflektera ljus och skapa rymd, undvik att ha dem riktade mot en dörr, för att undvika störning av Qi. Att tänka både praktiskt, estetiskt och energimässigt hjälper dig att skapa en miljö som är funktionell, vacker och fridfull.

Naturligt ljus är värdefullt och ska tas tillvara i så hög utsträckning som möjligt. Placera din inredning så att fönstren släpper in så mycket dagsljus som möjligt för att skapa en känsla av rymd och vitalitet. Variera övriga ljuskällor och undvik starkt ljus som är direkt bländande. Fokusera i stället på att belysa varje hörn och andra mörka områden för att säkerställa ett jämnt energiflöde och undvika stillastående eller mörka energier.

Använd väggarna för att hänga hyllor eller skåp till förvaring för att frigöra golvyta och skapa ett mer organiserat utrymme. Använd krokar för att hänga upp kläder. Samla kablar och sladdar så att de inte ligger trassliga på golvet, eller använd trådlösa alternativ. Se till att ha möbler som går att dammsuga under.

Häng konstverk på rätt höjd för att skapa en balans mellan väggarnas och möblernas proportioner. Konstverk på rätt höjd är avgörande för att skapa en balanserad och estetisk presentation. Den generella regeln är att konstverk ska hängas i ögonhöjd, vilket vanligtvis innebär att mitten av konstverket placeras cirka 140–150 centimeter från golvet. Placeringen gör att betraktaren kan se konstverket utan att behöva böja sig eller sträcka sig. Om konstverket hängs ovanför möbler, en soffa eller ett bord, bör placeringen göras med 10–20 centimeters mellanrum från möbelns topp. Hängning med rätt mellanrum skapar en koppling mellan konstverket och möbeln, utan att de klibbar ihop. I ett rum där människor mestadels står, som i en entré, kan konstverk hängas något högre. I ett rum där människor sitter, som i vardagsrummet, kan konsten hängas något lägre för att passa sittande blick. Om du hänger flera konstverk tillsammans, behandla hela gruppen som en enhet. Placera mitten av gruppen i ögonhöjd och låt avstånden mellan verken vara jämna, vanligtvis omkring fem till åtta centimeter. Innan du spikar upp tavlorna, testa olika höjder genom att hålla konstverket på plats eller använd maskeringstejp som markering. Anpassa höjden baserat på ljusförhållanden och rummets proportioner. Till vanligheterna

hör att vi hänger våra tavlor för högt, så häng dem lite lägre än vad som kanske känns vant sedan tidigare.
I stora eller öppna rum finns möjlighet att skapa olika zoner, till exempel en sittdel, en arbetsdel och en läshörna, indelningen gör att utrymmet känns mer strukturerat och användbart.

Försök också att minimera att skarpa kanter på möbler pekar direkt mot sängar, soffor eller sittplatser, då kanten bidrar till en känsla av obehag, fenomenet kallas ibland pilförgiftning inom Feng Shui. Om du råkar ha ett vasst hörn behöver energin balanseras där för att få bättre harmoni i hemmet. Placera en hög eller fyllig växt framför hörnet som absorberar och mjukar upp energin samt tillför naturliga och lugnande element till rummet. Du kan också hänga tyger eller draperier över eller runt hörnet vilket skapar en mjuk känsla och dämpar den skarpa energin. Använd runda eller organiska former i dekorationerna nära hörnet, såsom bordsdukar, korgar eller skulpturer för att skapa visuella mjuka linjer och neutralisera vassheten. Mjuk belysning kan hjälpa till att dämpa effekten av vassa hörn. Placera små lampor eller ljuskällor för att lysa upp hörnet och minska aggressiv energi. Ställ möbler, som en fåtölj eller ett sidobord framför hörnet för att bryta dess skarpa känsla, hörnet blir då mindre påträngande. Om hörnet ligger på ett strategiskt ställe, kan en spegel användas för att reflektera och sprida ut energin, men välj en mjukt formad spegel rund eller oval för att undvika förstärkning av skarpa linjer. Kanske kan mjukare färger på väggarna runt hörnet minska dess visuella skärpa. Undvik starka färger som gör hörnet mer iögonfallande. Om du har möjlighet, kan du mjuka upp hörnet med byggnadsförändringar som rundade hörn eller vinklade hyllor. Använd symboler för Feng Shui som upphängda kristaller eller vindspel för att bryta och harmonisera energin kring hörnet.

Belysning, växter och dekorationer är mer än bara estetiska inslag de spelar en betydande roll för flödet av Qi i ditt hem enligt Feng Shui. Belysning fungerar som en förstärkare av energin i ett rum. Naturligt ljus symboliserar Yangenergi som är dynamisk, upplyftande och stärker positiv energi. Där mörker samlas stagnerar Qi. Områden som är mörka eller dåligt belysta kan samla på sig stillastående energi, vilket kan generera en känsla av obalans eller tyngd. Optimal ljussättning är den som ger ett mjukt ljus, vilket är viktigt för en avkopplande atmosfär, särskilt i sovrum och vardagsrum. För energi och aktivitet, som i arbetsrum och kök, kombinera flera ljuskällor, exempelvis taklampor, golvlampor och bordslampor, för att skapa djup och balans.

Växter är levande Qi-generatorer och symboler för tillväxt och liv, de representerar träelementet och bidrar med friskhet, vitalitet samt ren luft. Växter som bambu, fredskalla eller murgröna passar perfekt för att balansera och främja Qi, och kan ge ett rum nytt liv. Växter kan användas som hörnfyllare, placera växter i mörka hörn där energi tenderar att stagnera. Stora växter skapar kraft och stabilitet, medan små växter ger subtilt liv till mindre utrymmen. Varning för döda eller vissna växter, då de kan symbolisera stagnerad energi och bör tas bort om de inte kan räddas. Gå växtronder och ta bort torra blad så att de inte sitter kvar och stör energin.

Dekorationer används för symbolik och balans och är en förlängning av din intention. Dekorationer är inte bara dekorativa, de bär med sig symbolik och energi. Rätt dekoration kan förstärka områdets syfte enligt Baguakartan. Mjuka linjer främjar flöde och harmoni. Föremål som har en personlig betydelse eller koppling stärker den emotionella energin i rummet. Undvik överdekoration för att slippa ett tungt och rörigt intryck. Större förändringar i hemmet, som att flytta väggar eller ommöblera, kan ha stor påverkan på Qi, planera därför alltid med Feng Shui-principer i åtanke. Även vid flytt kan Feng Shui hjälpa dig att välja ett hem med stark energi, baserat på dess struktur, placering och omgivning.

## KRAFTVÄGGEN

En kraftvägg, även kallad accentvägg, är en vägg som medvetet betonas i ett rum för att skapa ett visuellt intresse, ge rummet karaktär och dra blickarna samt Qi-energi till sig. Kraftväggar används som ett sätt att balansera energin i rummet i enlighet med Feng Shui, eller för att skapa en designmässig mittpunkt. Kraftväggen är rummets naturliga blickfång. Genom att markera en vägg med färg eller textur kan du visuellt ändra känslan av storlek och djup i rummet. Kraftväggen tillför variation och energi, speciellt i rum där alla andra väggar är neutrala. Börja med att bestämma var kraftväggen ska placeras eller redan är naturligt placerad. Tänk på rummets Baguakarta för att placera kraftväggen där den stärker ett specifikt område, exempelvis karriär, relationer eller hälsa. Kraftväggen ska hjälpa dig att uppfylla dina önskningar och blir till en hjälp för manifestation av din vilja i en rent magisk inredningshandling. För att balansera kraftväggen med rummet kan du spegla energin med resten av rummet, vår kraftvägg ska inte kännas helt frikopplad. Var personlig och inkludera föremål som har en betydelse för dig, då stärks den mentala kopplingen till väggens energi. Följ ditt hjärta, trots riktlinjerna, välj detaljer som känns rätt för ditt hem och livsmål, kraftväggen ska spegla dina önskemål och behov. I slutänden ska rummet kännas rätt för dig, om något känns obalanserat eller onaturligt, justera tills du upplever att rummet stödjer ditt välbefinnande. När energiaspekter samverkar skapas ett harmoniskt energiflöde i rummet. Ljuset lyfter fram växternas livfullhet och dekorationernas betydelse. Växter förbättrar luftkvaliteten och fyller rummet med naturlig Qi, vilket gör att belysningen känns levande och dekorationerna kopplas till naturen. Dekorationer kompletterar belysningen och växterna genom att sätta tonen och förstärka kraftväggens syfte. När du kombinerar Feng Shui principerna med din egen stil och preferens kan du skapa en kraftvägg som är både funktionell och harmonisk. För dig.

# FRIGÖRELSE FRÅN FÖREMÅL

Att rensa i röran med Feng Shui handlar om att skapa harmoni och balans i hemmet genom att göra sig av med saker som inte längre tjänar ett syfte. Vi vet ju att enligt Feng Shui påverkar oreda energiflödet och skapar stagnation i livet. Genom att frigöra utrymme, organisera och behålla endast det som ger glädje och positiv energi, skapas ett hem som stödjer välmående och framgång. Att rensa i sin röra och bara behålla sådant som absolut behövs har en del kopplingar till materiell frigörelse och minimalism som har sina rötter i olika traditioner. Stoicismen, en antik grekisk och romersk filosofi, betonar vikten av att inte låta sig styras av materiella ting. Zen-buddhismen förespråkar också enkelhet och att minska distraktioner för att uppnå inre frid. Att begränsa sig till endast sju ägodelar är en radikal zen-buddhistisk tolkning av minimalism, där väljs allt bort utom det absolut mest nödvändiga och fokus sätts i stället på det som verkligen betyder något. Zen-buddhister framlever sitt liv med så få ägodelar som möjligt för att frigöra sig från materiella beroenden och lever ett liv där de inte längre ägs av saker, utan i stället styr sitt eget liv utan materiella begränsningar. Den zen-buddhistiska idén att endast ha sju ägodelar eller att bara behålla det som verkligen skänker glädje kan tolkas både som en filosofisk och en politisk akt där idéer om att identitet och framgång associeras med materiell rikedom aktivt avvisas. Att ha få ägodelar och inte låta dem definiera ens värde ses också som en personlig revolt mot konsumtionskultur och kapitalistiska värderingar i Karl Marx lära. Mindre antal ägodelar innebär mindre beroende och är ett sätt att ta tillbaka kontrollen över sitt liv. Vi behöver ju inte gå riktigt så långt som att bara spara sju saker. En del saker vill jag behålla, ett möblerat och dekorerat hem vill jag ha.

I det japanska konceptet Wabi Sabi, ska vi endast bevara saker som ger glädje och har en djupare mening. Hemmet ska vara fyllt av mening och därför ska vi göra oss av med saker som inte längre tjänar ett syfte. Wabi Sabi är en japansk estetik som handlar om att uppskatta det enkla, det naturliga och det ofullkomliga. I stället för att sträva efter perfektion, ska föremål bevaras som har en historia, en patina eller en känsla av autenticitet. Som en gammal kopp med en spricka, en sliten möbel eller något som har en känslomässig betydelse. Ikigai är ett japanskt koncept som handlar om att hitta mening och glädje i det man gör. Filosofin kan också appliceras på föremål och då behåller vi saker som har en funktion, som stödjer våra passioner och som bidrar till ett harmoniskt liv. Det japanska sättet att bevara saker handlar alltså inte bara om att ha färre prylar, utan om att omge sig med föremål som har en djupare betydelse. Känner du att du har några saker som verkligen ger dig glädje och som du vill bevara? Rensning i röran handlar inte bara om att städa, utan om att medvetet välja vilka saker som får vara kvar och vilka som ska släppas för att ge plats åt ny energi. Gör dig av med saker du inte älskar eller behöver, behåll bara sådant som ger dig glädje. Rensa bort skräp, trasiga saker och överflöd, enkelhet skapar frihet och lätthet.

Vad du ska behålla bestämmer du själv, men prova att tänka så här; Gör dig av med dubbletter, trasiga saker och kläder, sådant du inte använt på över ett år och sådant som inte passar dig. Gör dig av med saker du inte tycker om. Du kan sortera i fyra högar; spara-kasta-skänk-sälj, och gör sedan så. Känn hur friheten växer för varje sak du rensar ut. Du blir allt mindre ägd av föremålen och upplever att du tar kontroll och skapar ditt meningsfulla liv. Därefter ska allt sorteras tillbaka in i ditt hem på ett dekorativt och välordnat sätt. En lätt match med Baguakartan.

## FENG SHUI I VARJE RUM

Använd Baguakartan i varje rum efter att du tillämpat de generella principerna för rummets användningsområde så att du täcker in varje aspekt och ger dig själv möjlighet att balansera rummet. För varje enskilt utrymme kan du tänka på några saker om du vill.

### Hallen

Hallen är hemmets första intryck, så håll den ren och organiserad för att välkomna gäster med positiv energi. Undvik överflödiga föremål eller rörighet. Hallen bör vara ren och ha fri golvyta, försök därför att placera skor i ett skåp eller på en skohylla. Hallen är ofta liten och mörk, en väl upplyst hall skapar en känsla av värme och liv. Använd starka men välbalanserade ljuskällor och ha belysning in mot hörnen som kompletterar den goda allmänbelysningen. Se till att praktiska och välkomnande element finns, som en bekväm plats att ta av sig skor eller krokar och tomma galgar för att hänga upp ytterkläder. Om gäster väntas brukar jag plocka undan i hallen ganska ordentligt för att skapa en mer välkomnande atmosfär. Då hänger jag undan mina egna ytterkläder och frigör yta för gästerna att hänga av sig på lediga galgar och krokar. Hallen är ett område som behöver rensas upp inför varje säsong så att inte årets alla kläder och skor hela tiden upptar allt utrymme. Sätt upp speglar för att ge intryck av större rum, men spegla inte ytterdörren eller andra dörrar, särskilt inte dörren till toaletten/badrummet, som ofta finns i hallen, då riskerar dina pengar att spolas ut med avloppet. I hallen används lämpligen glada och energifyllda färger, få rum klär så bra i knallgult som en hall. Beroende på vad Bagua anger, placera föremål som bär på elementen utefter antingen entrédörren eller efter väderstrecken, beroende på vilken princip du valt att följa. I alla rum, även i hallen bör finnas ett organiskt föremål eller mönster, alternativt någonting oregelbundet format, någonting i glas och någonting i metall och i trä. Ett djur som bör finnas nära entrén, som vore den på väg in, är den trebenta lyckogrodan Ch'an Chu som ofta har en slant i munnen. Turgrodan ska generera rikedom, välstånd och ekonomisk tur. Myntet i munnen representerar pengarnas energiflöde som har förmåga att dra in överflöd. Enligt sägnen sprider grodan inte bara välstånd omkring sig, den skyddar även mot ekonomiska förluster, men måste då vara vänd in mot bostaden, på väg från entrén, för att inte effekten ska bli motsatt, att pengarna går ut från din bostad och försvinner. Lyckogrodan kan också placeras i den del av bostaden som motsvarar området för rikedom och överflöd enligt Baguakartan.

Inom Feng Shui har vissa djur en symbolisk betydelse och kan användas i hallen tillsammans med din groda för att stärka Qi. Draken är en mytisk symbol för kraft, framgång och välstånd och en liten staty eller bild av en drake kan ge energi till hallen och välkomna positiva influenser in i bostaden. Sköldpaddan står för trygghet, stabilitet och långsiktighet, en sköldpadda, levande eller i konstnärlig representation, kan också placeras nära ingången för att skapa en känsla av säkerhet och skydd. Fågel Fenix representerar upplysning, ny början och kreativitet och en Fenix kan locka till sig inspiration och ge en positiv, upplyftande atmosfär. Hästen symboliserar framgång och rörelse framåt och passar särskilt bra om hallen används som en plats för dynamik och aktivitet. Fiskar, eller bilder av fiskar, står för flöde och välstånd, en liten fiskdekor kan därför förstärka energiflödet. Din hall kan ge energi och glädje med positiva första intryck när du ger den lite tid och omsorg.

### *Badrummet*

Badrummet betraktas traditionellt sett som en utmanande plats för Qi eftersom vattenelementet är så dominerande och symboliserar energi som flödar ut. Feng Shui kan tillämpas även i badrummet, trots utflödet. Några principer att tänka på finns för att balansera och förbättra energin i badrummet. En nyckel är att hålla rummet rent och organiserat för en god Feng Shui. Städa regelbundet och undvik röriga ytor för att hålla energin frisk och flödande. Eftersom vatten symboliserar rikedom och energi, bör du minimera den negativa effekten av energi som rinner bort. Håll toalettlocket stängt och kontrollera att kranar inte läcker. Balansera vattenelementet med inslag av jord exempelvis jordnära färger eller keramikdetaljer för att skapa stabilitet. Integrera trä, sten eller växter i badrummet för att ge en känsla av liv och harmoni. Grönska, som bambu eller andra växter som trivs i fuktiga miljöer, är särskilt bra. Använd speglar strategiskt, men undvik att placera dem direkt mittemot dörren för att cirkulera energin i rummet. Välj mjuk, välbalanserad belysning för att skapa en lugn och avkopplande atmosfär. Använd mjuka färgtoner, som ljusblått, vitt, beige eller grönt, för att skapa en harmonisk atmosfär. Färgerna dämpar den starka vattenenergins effekt. Ge badrummet en positiv känsla genom att dekorera med föremål som förmedlar en känsla av friskhet och renhet, såsom doftljus, små stenar eller harmoniska bilder för att omvandla badrummet till en plats av egenvård och avkoppling. Om du bygger eller renoverar, undvik att placera badrummet nära entrén för att undvika att energi rinner ut. Bygg inte heller badrummet bredvid sovrummet. Om badrummet redan återfinns på dessa platser, kan du använda element som draperier eller växter för att avskärma och balansera.

Sovrummet är en av de mest kritiska platserna inom Feng Shui eftersom vi söker vila, återhämtning och intimitet här. Några viktiga saker finns att tänka på för att skapa ett harmoniskt och balanserat sovrum enligt principerna för Feng Shui. Placera sängen mot en solid vägg för att ge känslan av trygghet och stöd. Undvik att ha sängen direkt framför dörren, eftersom en känsla av osäkerhet eller obalans då kan uppstå. Helst ska du kunna se dörren från sängen, utan att ligga i linje med den. Välj lugnande färgpaletter som blått, beige, lavendel eller andra jordnära toner som främjar avslappning. Håll dig borta från rött och starka mönster, eftersom de kan vara för stimulerande. Ett rent och organiserat sovrum främjar lugn och avkoppling. Energi kan bli stillastående om du förvarar saker under sängen. Försök att hålla elektronik som TV-apparater och mobiltelefoner borta från sovrummet, då dessa kan störa din sömn. Använd dimbara ljuskällor eller lampor med varmt ljus för att skapa en lugn atmosfär. Dra nytta av dagsljuset, se samtidigt till att ha gardiner som kan blockera ljus på natten för en god sömn. Undvik att ha speglar som reflekterar sängen för att undvika oro och störande av energin, då placeringen kan ge intryck av att oinbjudna personer finns i rummet. Välj mjuka och naturliga tyger för sängkläder, såsom bomull eller linne för att främja en känsla av frid och koppling till naturen. Se till att sängen och madrassen är bekväma och passar din kropp och behov. Om ni är två som ska nyttja sovrummet, eller om du vill träffa en partner, använd dekorativa föremål som främjar kärlek och balans. Kärleksenergin stärks om det finns två av allt i sovrummet, två kuddar, två nattduksbord, två likadana prydnadsföremål etcetera, för att symbolisera harmoni och tvåsamhet. Placera inte tunga eller störande föremål ovanför sängen, då kan en känsla av tryck uppstå. Se till att rummet har god ventilation. Du kan även använda luftrenare för att förbättra luftkvaliteten, du ska generellt sett inte ha levande växter i sovrummet. Använd subtila och naturliga dofter, såsom eteriska oljor, för att skapa en avkopplande atmosfär. Vissa prydnadsdjur kan vara ett fint och symboliskt sätt att förhöja atmosfären i sovrummet. Mandarinänder är en klassisk Feng Shuisymbol för kärlek och äktenskap. Placera ett par av dessa fåglar i sovrummet för att stärka romantiska band och harmoni mellan dig och din partner. En konstnärlig representation av fåglar kan ge en lätt och upplyftande känsla i rummet. Sköldpaddor symboliserar stabilitet och långlivad energi. En liten prydnadssköldpadda kan bidra till en känsla av trygghet och vila. Fjärilar står för transformation, skönhet och lätthet, de är en härlig symbol för förändring och positiv energi i sovrummet, särskilt för att främja kreativitet och personlig utveckling. Fiskar representerar flöde och överflöd. En prydnad eller målning av fiskar kan ge en känsla av lugn och balans i sovrummet. Om djuren kommer i par, som två hästar eller två fåglar, stärks kärleksenergin och balansen i relationer. Välj prydnadsdjur som harmoniserar med resten av inredningen, utan att kännas dominerande. Undvik att placera djuren för högt, som över sängen eller för lågt på golvet, för att skapa en balanserad energi. Naturliga material som trä, keramik eller sten passar särskilt bra i sovrum för att skapa en lugn känsla. Var föremål ska placeras avgörs av hur Baguakartan visar bästa läget för olika saker.

## *Köket*

Köket är hjärtat av hemmet enligt Feng Shui och representerar näring, hälsa och välstånd, av vikt är därför att skapa ett balanserat och energifyllt kök. Håll kökets ingång fri från hinder och mörker, då ingången är platsen där energin kommer in. Spisen är en symbol för välstånd och är en central symbol i köket där den anses påverka familjens hälsa och rikedom. Placera den så att du kan se dörren medan du lagar mat. Om placeringen inte är möjlig kan du använda en spegel för att skapa en visuell bakgrund och öka säkerheten. Renlighet runt spisen anses öka energins positiva flöde. Se också till att alla plattor används ibland för att skapa balans. Ett väl upplyst kök främjar energi och glädje, naturligt ljus är idealiskt, om komplettering behövs kan varma och starka ljuskällor användas. Använd jordnära färger som beige, gult eller grönt som skapar balans. Undvik för mycket rött, som kan skapa överdriven eldenergi och stress. Se till att du kan röra dig fritt och smidigt mellan spis, kylskåp och diskho, utrymmet kallas för kökets magiska triangel och är centralt för funktionalitet och balans. Samtidigt ska inte spis och diskho vara för nära varandra, eftersom konflikt skapas mellan eld och vatten. Om placeringen inte går att ändra, kan en träplatta eller dekorativ detalj mellan spis och diskho fungera balanserande. Håll arbetsytor rena och fria från överflödiga föremål, vilket säkerställer att energin kan flöda fritt. Köket är starkt kopplat till eld och vatten, samtidigt behöver vi balansera alla fem element. Introducera trä, exempelvis skärbrädor eller gröna växter, metalliska kökstillbehör och jord genom keramik eller jordnära färger för harmoni. Knivar och andra vassa föremål som saxar ska inte eggen vara synlig på eftersom de kan skapa skarpa energier, förvara dem i lådor eller knivblock. Förvara mat och kryddor organiserat och i rena behållare för att signalera överflöd och välmående. Lägg till grönt liv, som små örter eller växter som ger liv och friskhet till köket.

Att möblera ett kök med en matsal kräver en balans mellan funktionalitet, estetik och energiflöde, särskilt om du vill integrera Feng Shui-principer. Matbordets placering ska vara centralt men inte i stå vägen, platsen för ett matbord bör vara lättillgänglig från köket utan att blockera rörelseflödet. Om möjligt, undvik att placera ditt bord direkt vid dörren, eftersom en sådan placering kan orsaka störningar i Qi. Runda eller ovala bord symboliserar harmoni och balans i Feng Shui, medan rektangulära bord passar för mer formella arrangemang. Använd ett jämnt antal stolar för att skapa harmoni och lämna tillräckligt med utrymme mellan stolarna för att undvika att känslan blir trång eller oorganiserad. Undvik att placera stolarna med ryggen direkt mot dörrar, då osäkerhet då kan uppstå enligt Feng Shui. En hängande lampa ovanför bordet ger ett visuellt fokus och skapar en gemensam punkt för samling. Använd gärna dimbar belysning för att möjliggöra skapande av olika stämningar beroende på tillfällen, från fina festmiddag till vanlig fiskpinnevardag. Möblera med skänkar, hyllor eller skåp nära ditt matbord för att förvara serviser och bestick, så att allt är lättillgängligt. Håll bänkytor fria från överflödiga föremål för att skapa ett lugnt och öppet utrymme. För matsalen, välj färger som främjar aptit och gemenskap, som jordtoner, beige eller mjukt rött. Trä- och stenmaterial för bord och stolar skapar en naturlig och inbjudande miljö. Placera en skål med färska frukter eller blommor på bordets mitt för att symbolisera överflöd och liv. Använd mattor, belysning eller möbler för att definiera köks- och matsalsutrymmet om de delar samma yta. En låg hylla eller växtarrangemang kan ge en visuell uppdelning utan att skapa barriärer. Tillämpa Baguakartans principer för att få rätt placering på olika föremål om möjlighet finns, annars använder vi balanseringsmöjligheter.

### *Vardagsrummet*

Vardagsrummet är ofta hemmets hjärta och utgör en plats för umgänge, avkoppling och ibland också för arbete. När du inreder vardagsrummet enligt Feng Shui allmänna principer behöver vi tänka på att skapa en miljö som både är harmonisk och funktionell. Placering av soffor och sittgrupper bör vara samlande.

Arrangera soffor och stolar i en cirkulär eller kvadratisk formation för att skapa en inbjudande atmosfär och underlätta för trevliga samtal. Lämna fria gångytor runt sittgruppen för att underlätta rörelse och ett naturligt energiflöde. Placera soffan med ryggen mot en solid vägg för att ge stöd och trygghet. Undvik att placera soffan direkt framför en dörr. Identifiera en naturlig fokuspunkt i rummet, som en eldstad, ett stort fönster eller en konstnärlig detalj och bygg upp rummets möblering kring denna punkt. Om TV: n är fokus, balansera den genom att placera andra dekorativa element runt den, så att rummet inte känns kallt eller centrerat på bara en funktion. Dra nytta av fönster genom att placera möbler så att du kan njuta av dagsljus. Lätta gardiner kan släppa in ljus utan att kompromissa på privatlivet. Kombinera taklampor, golvlampor, bordslampor och punktbelysning för att skapa en varm och dynamisk atmosfär. Använd neutrala eller mjuka jordtoner för att främja lugn. Om du vill ha energi i rummet, integrera accenter av varma färger som orange eller gult. Naturliga material som trä, bomull och ull skapar en mjuk och jordnära känsla. Inred med konstverk för att uttrycka personlighet, men undvik att överdekorera. Placera dina speglar på ett strategiskt sätt för att reflektera ljus och skapa rymd i utrymmet. Inkludera de fem elementen från Feng Shui genom dekorationer som växter, ljusstakar, stenföremål, metallisk konst och vattenrelaterade motiv. Placera ut levande växter som bambu, murgröna eller ormbunkar för att tillföra liv och friskhet till rummet. Undvik att blockera dörrar eller gångar med växter, och placera dem där de får tillräckligt med ljus. Använd korgar, lådor eller möbler med dold förvaring för att hålla ytor fria och skapa ett rent intryck. Mjuka tyger ger komfort och värme, välj med fördel textilier med harmoniska färger och mönster som balanserar rummets design. Inom Feng Shui och symbolik kan valet av djur i vardagsrummet bidra till att förstärka olika energier och skapa balans. Den vita tigern representerar styrka, skydd och mod. I vissa uppsättningar av Feng Shui symboliserar den också den västra riktningen och är en del av de fyra himmelska djuren Tigrar, Fenix, Draken och Sköldpaddan. Placera tigern till vänster om din favoritsittplats, vilket är harmonisk. Fåglar som Fenix eller påfåglar står för hopp, frihet och inspiration och kan ge vardagsrummet en lätt och upplyftande känsla. Bilder eller skulpturer av fåglar kan vara särskilt bra nära fönster för att förstärka den naturliga ljusenergin. Elefanter med uppåtriktade snablar symboliserar lycka och visdom. De bidrar också med trygg och stabil energi, de kan placeras vid ingångar eller som en del av en central hylla. Lejon eller andra majestätiska djur ger en känsla av säkerhet och kraft, de kan stå som vakter i hörn eller nära dörrar. Fiskar representerar flöde, överflöd och harmoni. De är särskilt bra om du vill skapa en lugnande atmosfär. Placera gärna fisken i områden där vardagsrummet möter ljus eller vattenmotiv. Hjortar står för elegans, mjukhet och balans de kan passa i områden som behöver en lugn och avslappnad känsla. Kom alltid ihåg att balans är nyckeln. Eftersom tigern är en kraftfull symbol, balansera dess energi med något mjukare eller mer subtilt, som en fågel eller en växt på andra sidan rummet. På så sätt skapas en harmonisk energi i hela vardagsrummet. Foton på familjen och gåvor har en speciell plats i vardagsrummet enligt Feng Shui, de bär inte bara sentimentalt värde, utan de fungerar också som energiförstärkare och har en kraftfull roll i att skapa harmoni. Familjebilder representerar kärlek, trygghet och gemenskap. De bär med sig en positiv energi som stärker relationer och familjeband. Bilderna placeras mitt i rummet eller på en synlig plats, till exempel på en hylla, ett sidobord eller en vägg. Välj foton som framkallar glada minnen och känslor, eftersom de sprider glädje och värme. Om ditt vardagsrum ligger i området för familj och hälsa enligt Baguakartan, den östra delen, förstärker familjefoton området extra mycket. Gåvor bär med sig den kärlek och omtanke som avsändaren la in när de gav dem. Genom att visa upp dessa i vardagsrummet förstärker du energin av vänskap, relationer och tacksamhet. Dekorera med gåvor på platser som är centrala i rummet, till exempel på soffbordet, hyllor eller en på en framträdande plats på kraftväggen. Om gåvorna är från olika människor, låter du dem arbeta tillsammans för att sprida harmonin. Se till att gåvor som visas upp är hela och välskötta då skadade eller bortglömda föremål kan dra ned energin. Föremålen blir som små energiförstärkare, och deras placering hjälper till att sprida positiv Qi -energi genom rummet. Genom att omge dig med föremål som har känslomässigt värde skapar du en känsla av trygghet och välbefinnande. Familjefoton stärker områden för relationer och hälsa, medan gåvor kan kopplas till stödjande människor eller överflöd beroende på deras natur och placering. När du inkluderar dessa föremål i ditt vardagsrum känns energin personlig och levande.

### *Arbetsplatsen i hemmet*

Att skapa en harmonisk och produktiv arbetsplats hemma är nyckeln till att kunna fokusera och må bra i ditt arbete. Ställ ditt skrivbord i kommandoposition genom en placering där du kan se dörren så att en känsla av trygghet och kontroll kan uppnås. Lämna utrymme bakom dig så att du kan röra till med lätthet från och till hemarbetsplatsen. En vägg bakom stolen är idealiskt för stabilitet och stöd, men med lite avstånd. Om du har fönster bakom dig, använd gardiner eller växter för att balansera energin.

Placera skrivbordet nära ett fönster för att dra nytta av dagsljuset. Undvik dock att stirra direkt in i ljuset för att minska bländning. Använd skrivbordslampor och mjuk belysning för att undvika skuggor och skapa en varm, inbjudande arbetsmiljö. Färgschemat ska vara inspirerande. Färger som stöder kreativitet och fokus är ljusgrönt för harmoni, ljusblått för klarhet eller neutrala jordtoner för stabilitet. Undvik starka, skarpa eller distraherande färger som neonnyanser för att inte störa koncentrationen. Eliminera onödiga föremål från skrivbordet för att frigöra utrymme för kreativitet och idéer. Använd lådor, hyllor eller korgar för att hålla dokument och kontorsmaterial organiserade och ur vägen. Placera ut föremål som inspirerar dig, till exempel konst, citat eller personliga minnen, de bör dock inte överbelasta utrymmet. Gröna växter, som bambu eller en fredskalla, förbättrar luftkvaliteten och ger liv till rummet. Om konst och speglar passar din smak, kan en spegel eller ett konstverk bidra till att höja energin i rummet. Organisera och dölj kablar för att skapa en lugnare miljö och när arbetsdagen är slut, stäng av tekniska enheter för att skapa en tydlig gräns mellan arbete och fritid. Investera i en bekväm stol och ett höj och sänkbart skrivbord för att främja god hållning och undvika spänningar. Om möjligt, skapa en liten del av rummet för pauser, som en fåtölj eller en plats för meditation. Skapa balans mellan elementen, använd stabila möbler och jordtoner för att skapa trygghet och jordning. Introducera träelement, exempelvis trämöbler eller dekorationer, för tillväxt och kreativitet. En liten röd accent eller levande ljus kan ge energi och passion. Använd metalliska detaljer för struktur och fokus. En liten fontän eller ett vattenmotiv kan bidra till lugn och reflektion. Placera lyckogrodan på skrivbordet eller i ett område där affärer och ekonomiska transaktioner sker.

### *Uterum, källare och vind*

Flera områden i hemmet kan påverkas, även våra uterum. Balkongen är en förlängning av ditt hem och kan förstärka energin om du placerar växter, dekor och möbler strategiskt för att förbättra flödet av Qi. En liten fontän, kan stärka välstånds- och rikedomsområdet, har du möjlighet att placera en sådan på din balkong? Mjuka ljud från vindspel utomhus är ett klassiskt Feng Shui-element som skapar positiv energi och förstärker lugn. Feng Shui påverkar också de delar av hemmet som inte används dagligen. Källaren symboliserar stabilitet och roten, medan vinden representerar visioner och tankar. Se till att dessa områden är rena och fria från rörighet. Rensa ut och ge bort eller sälj saker du inte behöver.

## *OFULLKOMLIGHETEN*

När jag tänker på hur inredning av mitt eget hem går till, eller inte alls, syns snart ett småleende på mina läppar. Mina intentioner är goda men praktiken ofta obefintlig, trots mina efterforskningar och lärdomar om skapande av sann, magisk harmoni.

Hallen är som hemmets mun, platsen där energin först träder in. I min hall spretar en skog av skor och väskor åt alla håll, jackor för alla årstider hänger i klumpar på galgarna och garderoben känns mer som ett lager än en välorganiserad förvaringsplats. Och min hall känns många gånger inte alls som en välkomnande entré. Nu vet jag att en ren, organiserad hall med ljus och ordning är nyckeln till att bjuda in positiv energi. Hallen är en bra plats att börja med, för att effekten kan bli stor med förhållandevis liten ansträngning. Speglar är magiska i Feng Shui, men jag placerar dem fel, direkt mot dörren till badrummet, vilket reflekterar bort energin så fort den kommer in. Speglar ska användas för att sprida ljus och energi och samtidigt placeras strategiskt för att undvika oro och störningar. När de väl sitter uppe, upplever jag det svårt att flytta på dem, oerhörda ansträngningar krävs för att ta tag i ett sådant vardagsproblem. Man vänjer sig tyvärr vid energiläckaget. Dörrar är som portaler för energi och en del av mina möbler täcker försvårar fri rörlighet. Insikten om rörigheten stör flödet av Qi i mitt hem och gör att rummen känns onödigt trånga. Jag älskar att dekorera, samtidigt blir varje yta snabbt täckt av prylar, som om ett inre tvång driver fram att varje föremål ska stå framme, en överväldigande känsla av rörighet uppstår. Mitt i röran förstår jag än mer vikten av tomrum, att låta ytor andas och fokusera på sådant som verkligen betyder något, inte allt på en gång. Jag har orangea accenter i sovrummet som är för starkt och aktivt för vila, och kalla, sterila färger i vardagsrummet vilket gör utrymmet mindre inbjudande. Mina färgval borde vara mer av en medveten handling för att främja funktion och atmosfär. I mitt hem är hörnen ofta obemärkta, som om de inte spelar någon roll samtidigt lär jag mig att de är viktiga, skarpa hörn kan ju skapa störande energi, och mörka hörn kan samla stillastående energi. Självklart är min ambition att använda växter, belysning eller mjuka dekorationer för att ge liv åt mina hörnor. Snart. Soffor är placerade utan stöd bakom, framför fönster, sängar står i direkt i linje med dörren och en kraftfull korridor, och jag nyttjar ett skrivbord med ryggen mot dörren, som om jag har designat hemmet för att känna mig osäker. Antalet teknikprylar tynger energin på viktiga platser, som TV i sovrummet, dator som dominerar arbetsplatsen, och mobiltelefoner som verkar ligga överallt, vilket gör att jag alltid känner mig lite stressad. Växter är livets energi, men jag glömmer att vattna dem och låter vissa vissna i mörka hörn, som en signal om att stagnerad energi är okej. Helst vill jag sköta mina växter med omsorg och god rutin, vilket skulle föra in friskhet och liv i min vardag. Entusiastiskt vill jag ha alla element samtidigt överallt och placerar eld, vatten, metall, trä och jord utan större eftertanke, vilket bara blir rörigt och disharmoniskt. När ska jag orka ta tag i detta? När vi lyckats med allt har vi då uppnått ett önskat läge? För att få energi till förändring föreställer jag mig hur jag lyckas.

Att bo i ett hem med energiharmoni enligt Feng Shui är som att stiga in i en plats där allt känns balanserat och rätt både för kroppen, själen och sinnet. Känslan av lugn och trygghet går bortom fysikens lagar. Rummen andas, energin rör sig naturligt och smidigt från ett område till ett annat. Jag märker av en mjukhet i hur jag navigerar hemmet, inget känns tungt, blockerat eller överväldigande, hemmet följer min rytm. Subtila och samtidigt påtagliga känslor av stillhet och ro finns i hemmet och oavsett om jag arbetar, kopplar av eller socialiserar, så bjuder rummen in till harmoni. Mitt hem omfamnar mig med värme och ger mig plats att ladda upp mina inre batterier. Balanserade färger, material och placering av möbler skapar en miljö där inget känns för mycket eller för lite. Allt har sin plats, och varje detalj bidrar till att skapa helhet, jag märker hur harmonin speglar sig i mitt inre, känslan av balans fyller mig. I mitt harmoniska Feng Shui-hem känner jag mig mentalt klar och emotionellt stabil. Oavsett om jag behöver vara kreativ, arbeta effektivt eller helt enkelt koppla av, så stödjer hemmet mig med en miljö som främjar min intention och ditt välmående. Hemmet känns som en personlig fristad där jag är skyddad från stress och negativitet. Symboliska placeringar av föremål och möbler ger en känsla av trygghet, som om hemmet alltid har min rygg.

Jag upplever en stark känsla av inspiration och är kreativ. Vackra detaljer, balanserade färgval och rätt placering av föremål ger alla rum en själ som känns levande och uppmuntrande. Platsen inspirerar mig att växa och drömma. Gröna växter, levande material och naturligt ljus skapar en känsla av samhörighet med världen utanför. Jag kan märka hur Feng Shui element för in liv i alla rum och stärker min koppling till naturens energi. Mitt energiharmoniska hem är en förlängning av mig själv, ett stöd för mina behov och drömmar. Livet i ett hem med total energiharmoni enligt Feng Shui känns som att befinna sig i ett esoteriskt tempel, där varje detalj, varje plats och varje föremål har en magisk resonans, som om väggarna bär en viskning av uråldrig kunskap, och allt omkring mig är noggrant placerat för att samspela med universums dolda krafter. Qi rör sig genom hemmet som en osynlig dans, likt en andlig vind som är full av löften. Varje gång jag passerar genom rummen känner jag hur energin sveper med mig, som att jag simmar i en flod av välvillig energi, där varje hörn är laddat med intentioner och krafter som vill stärka min själ. De fem elementen känns inte längre som abstrakta idéer, utan är levande, magiska krafter som väcker mitt hem till liv. Vatten väcker dagligen min kreativitet och intuition, jord håller mig stabil, eld tänder passionen i mitt hjärta, trä väcker tillväxt och förnyelse, och metall ger klarhet, som om jag bor i ett alkemiskt laboratorium där elementen samverkar för att skapa harmoni. Mitt hem är en esoterisk portal, en plats där sinnet kan lyfta över materien och kopplas till spiritualiteten, som om varje dekoration - från speglar som öppnar energiflöden - till växter som håller kontakt med livets cykler, en magiskt ritual, utformad för att koppla mig till ett kosmiskt nätverk av liv. Föremål i mitt hem fungerar som amuletter och talismaner laddade med kraft. Den vita tigern på sin plats till vänster om min favoritplats blir en beskyddare, en urkraft som vakar över mitt välbefinnande. Växterna fungerar som levande auraförstärkare, och speglarna som kanaler för energins magiska spel mellan dimensioner. Belysningen i hemmet verkar skapa något mer än ljus, stämningar, energier och härliga hemligheter skapas. När lamporna tänds uppstår en invokation, och skuggorna som faller på väggen kan bära med sig historier eller drömmar från osynliga världar. När harmonin är total är tiden magiskt fryst, och jag befinner mig i ett tillstånd av perfekt närvaro, som om universum står stilla just för mig, för att ge möjlighet att känna dess skönhet. Jag blir ett med platsen och dess energi, inte en åskådare, utan en deltagare i ett magiska spel. Jag har nu mer än ett hem, jag får ett liv i heliga rum där varje andetag, varje rörelse och varje tanke känns som en del av något större, magiskt och transcendent. Att inreda enligt Feng Shui är verkligen en konst, och jag har lärt mig att den kräver både eftertanke och känsla. När jag ser mig omkring nu, omfamnar mitt hem mig med värme, balans och liv. När harmonin är total, tänker jag att en djup och stadig trygghet omsluter hela mig, som om alla delar av mitt inre, och av mitt hem, andas i takt. Då kliver jag in i rummet och möts av en lugnande värme, som om varje sak är placerad där den vill vara och på något sätt vill jag också vara där.

Mitt sinne är klart, utan den där rastlösheten som annars kan gnaga i bakgrunden. Jag tänker klart och lugnt, inte för snabbt eller för långsamt, utan precis i den takt som behövs. Mina tankar känns lätta som om de flyter mjukt i stället för att snurra kaotiskt. Min kropp känner av balansen, mina axlar är sänkta, andningen djup och avslappnad. Jag är jordad, som om mina fötter har en stadig förankring i golvet, känslan av att både kunna vila i stunden och att känna kraft inför framtiden är behaglig. Emotionellt upplever jag säkert en våg av stillsam lycka. Ingen dramatik, ingen överdriven glädje, bara en mjuk, glödande känsla av välmående. Jag känner mig tillfreds, som om inget mer behövs för att stunden ska vara fullständig.

Vackrast kanske är utrymmet i mig själv som är ett utrymme för kreativitet, för tankar, för närvaro. Jag känner mig öppen, redo att ta emot världen men på ett sätt som är skyddande som om balansen i mitt hem sträcker sig in i min själ och uppfyller mina behov och skapar harmoni även i mig, inte bara utrymme kring mig, som en sorts magi, men ändå helt naturligt. Som att allt faller på plats, utan att något behöver pressas dit. Den dagen kommer. Fantastiskt eller hur, sen får ju inte energin stagnera så det gäller att hålla energierna balanserade och levande hela tiden. Nästan som ett heltidsarbete. När ska jag hinna med mitt egentliga jobb?

## DITT MAGISKA HEM BÖRJAR MED DIG

Hoppas att du nu känner dig redo att börja din egen resa med Feng Shui. Den magiska delen av Feng Shui handlar mycket om din intention och medvetenhet. När du sätter din egen energi i centrum för förändringen och låter ditt hem spegla dina intentioner, öppnar du dörren till en ny typ av harmoni en som stärker dig på alla plan. Självutveckling och de magiska aspekterna av Feng Shui är fantastiskt fascinerande, då de inte bara berör estetiken i ditt hem utan också estetiken i ditt inre landskap. Genom att använda ditt hem som en spegel för själen kan Feng Shui bli ett kraftfullt verktyg för transformation och insikt. Hemmet kan alltså vara som en själens spegel, en reflektion av dig själv, då Feng Shui bygger på tanken att ditt hem är en förlängning av ditt inre. Om rörighet, blockeringar eller obalans finns i hemmet kan liknande mönster finnas i ditt sinne eller din själ.

Genom att rensa och organisera ditt hem rensar du symboliskt bort gammal energi och skapar utrymme för nya möjligheter och transformation inom dig. Likt en magisk ritual där du medvetet släpper taget om sådant som inte längre tjänar dig. Skapa en egen energipunkt för självutveckling, kunskap och självinsikt, platsen är bäst belägen i nordost enligt Baguakartan. Området är perfekt för att skapa en meditationsplats eller en lugn hörna för reflektion och dagdrömmeri. Placera föremål som böcker om magi, laddade kristaller, eller symboler för visdom här. Du kan medvetet förstärka platsen med magiska inslag som brinnande ljus eller en liten fontän och förstärka intentionen att fördjupa din förståelse för dig själv och världen. Feng Shui blir magiskt när du arbetar med medvetna handlingar på de rätta ställena för att stärka dina intentioner. Använd rökelse, gärna salvia för att rena rummet som en ritual för att fördriva negativ energi och välkomna nytt flöde. När du placerar föremål i ditt hem, var medveten om din intention, din önskan eller ditt mål. Ditt hem kan vara en helig plats för dig, när du medvetet tillämpar Feng Shui förstärker du känslan av att ditt hem är en förankrad, helig plats där magi och verklighet smälter samman. Energin blir mer än bara välkomnande, den blir också kraftfull och transformativ. När Qi-energin flödar harmoniskt genom ditt hem, märker du ofta att ditt eget liv börjar flyta bättre. Möjligheter dyker upp, relationer förbättras, och du känner dig i synk med universum. Du uppnår på ett magiskt sätt harmoni och synkronicitet i livets flöde. Själva sysslan med Feng Shui är en meditativ konst som man kan ägna några minuter dagligen åt för att få in rutinen att harmonisera och balansera livet samt se till att önskningar slår in. Samtidigt vill jag säga till dig läsare att hemmet är ditt eget hem och du själv bestämmer vad som är vackert och trivsamt för dig, låt inte Feng Shui ta över ditt liv. Använd delar av praktiken du tycker är intressant eller praktisk, plocka russinen ur kakan. Det är ju till syvende och sist du som ska må bra och bo där.

## *FÖRFATTAREN*

Eva-Lisa Högbom, författare, vägvisare i elementens kraft och vardagsmagi. Med en djup förståelse för balanserande krafter knyter hon samman uråldrig kunskap med moderna insikter, där feng shui och magi möts i en harmonisk helhet. I sin författarskap väver hon samman praktiska verktyg och filosofiska tankegångar, en inbjudan till att skapa mer balans, flöde och magi i vardagen. Genom hennes texter får läsaren konkreta metoder för att förstå hur energier rör sig, hur vi kan förstärka vårt inre och yttre rum, och hur små, medvetna förändringar kan ge stora skiften i livet.

Med sitt verk inom feng shui har hon visat hur hemmets energi kan förstärka vår intention och livskraft. Hon inspirerar till att hitta personliga ritualer, skapa heliga rum och använda elementen som verktyg för välbefinnande och inre styrka. Eva-Lisa är en författare som inte bara delar kunskap, hon väcker nyfikenhet, skapar insikt och ger läsaren kraften att påverka sin egen verklighet.

## BILAGA DYNASTIERNA OCH DE ÅR DE ÄR AKTUELLA

Översikt över Kinas dynastier med ungefärliga årtal angivna enligt *före vår tideräkning* (f.v.t.) och *efter vår tideräkning* (e.v.t.).

Xiadynastin, 2070–1600 f.v.t.
Den första dynastin som är delvis mytisk, känd för tidiga jordbrukssamhällen.

Shangdynastin, 1600–1046 f.v.t.
Känd för bronsarbete, orakelben och tidiga stadsbyggnader.

Zhoudynastin, 1046–256 f.v.t.
Den längsta dynastin, introducerade konfucianism och taoism.

Qindynastin, 221–206 f.v.t.
Första kejsardömet, kejsar Qin Shi Huang enade Kina och byggde den kinesiska muren.

Handynastin, 206 f.v.t.–220 e.v.t.
En period av kulturell och vetenskaplig blomstring samt sidenvägens utveckling.

Tangdynastin, 618–907 e.v.t.
En guldålder för konst, litteratur och internationella handelsförbindelser.

Songdynastin, 960–1279 e.v.t.
Känd för tekniska innovationer som tryckning och krut.

Yuandynastin, 1271–1368 e.v.t.
Grundad av Kublai Khan, det första icke-hankinesiska imperiet.

Mingdynastin, 1368–1644 e.v.t.
Känd för den förbjudna staden och stora sjöexpeditioner.

Qingdynastin, 1644–1912 e.v.t.
Den sista dynastin, störtades i Xinhai-revolutionen.